院長 林毅（はやし たけし）

1988年 聖マリアンナ医科大学卒業／医学博士／聖マリアンナ医科大学非常勤講師／日本内科学会認定総合内科専門医／日本消化器内視鏡学会認定消化器内視鏡専門医／日本消化器病学会認定消化器病専門医／日本肝臓学会認定肝臓専門医

内科、上部内視鏡（胃カメラ）、肝臓病の専門医として、専門性を生かす一方、
小児科、皮膚科の診療も行います。大学病院での臨床試験を礎に、これからも
新しい医療を提供できるよう努力していきます。
必要に応じて専門医へご紹介できるよう、近隣の病院との「診診連携」
「病診連携」も行っております。安心してご相談ください。

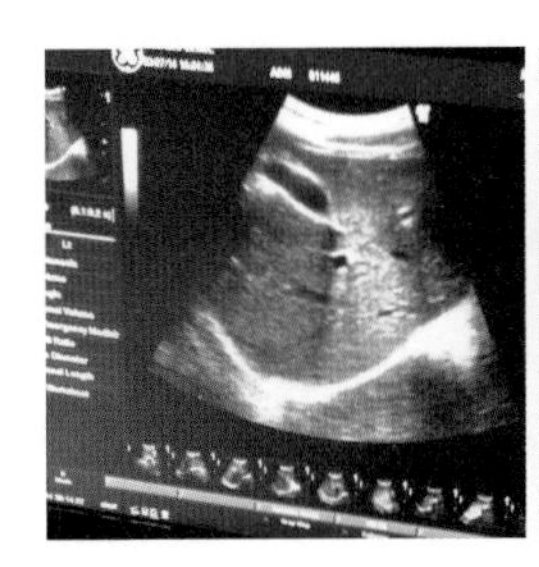

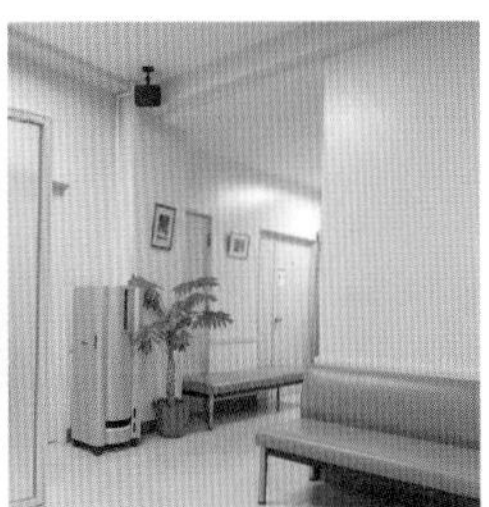

内科・消化器科
林 医院

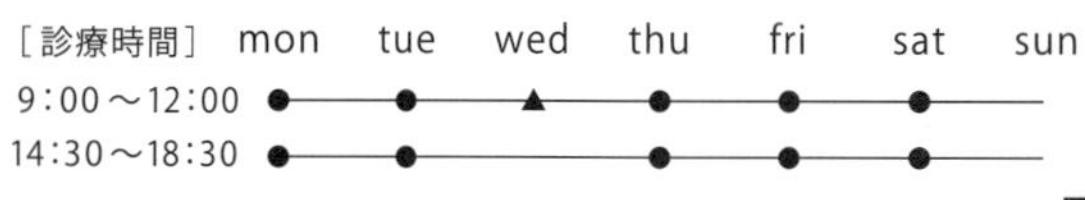

診療科目:内科 消化器内科 皮膚科 小児科

[診療時間]	mon	tue	wed	thu	fri	sat	sun
9:00～12:00	●	●	▲	●	●	●	
14:30～18:30	●	●		●	●	●	

土曜日18:30まで診療 ▲水曜午前は内視鏡検査（予約制）のみ
祝日:休診 ※水曜午後は聖マリアンナ医科大学病院専門外来
都筑区 林医院 検索 http://www.hayashi-iin.com

045-942-3302
横浜市都筑区勝田町 1297
[お車]第三京浜都筑インターチェンジより5分
駐車場15台
[東急バス]綱44・45・49系統「勝田」、綱47・48・71系統「勝田折返所」より徒歩3分

*88、89ページもご覧ください

あなたの健康と美を守る「極上のかかりつけ医」
家族みんなのかかりつけ医として診療科目にとらわれることなく、
「理想的なプライマリーケア」を実践しています。
松井クリニック
Salon M's
Matsui Clinic
Dr.M
●毎週金曜日 9:00〜12:00
「生活習慣病外来」を行っています。
昭和大学横浜市北部病院
循環器内科助教
石垣 成紘
Shigehiro Ishigaki
循環器内科一般
超熱血ドクターMの
インスタグラムもCheck!
Follow Me!
院長
松井 潔

女性のさまざまな悩みを
超熱血ドクターMが解決します!

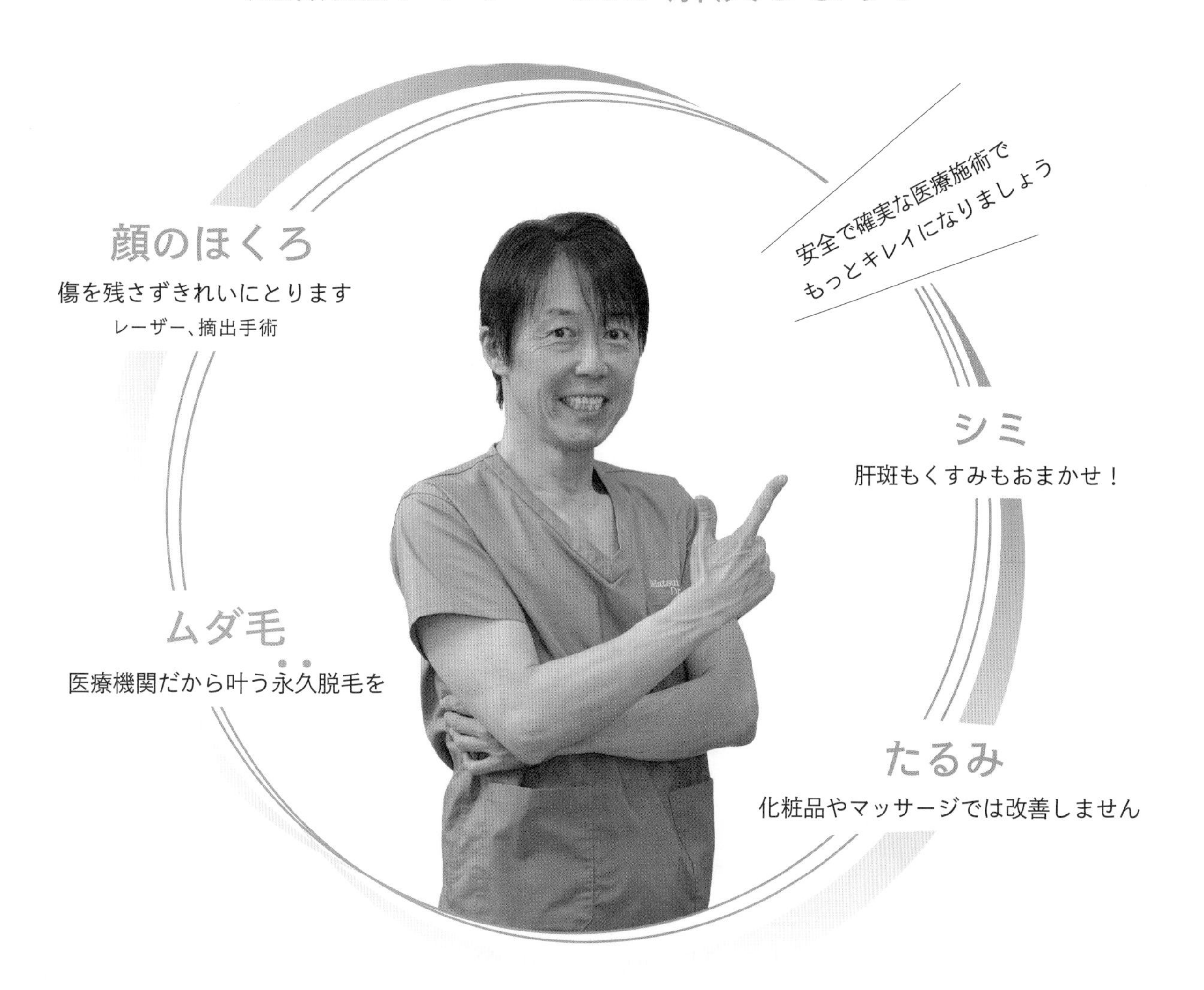

LINE限定のお得な情報配信中!

LINEお友達登録で、お友達限定情報多数!!
ワクチン接種情報や脱毛半額など

LINE@
×
@matsui-clinic

医療と美容を融合させ、一人一人に適した
トータルスキンケアを提供するアンチエイジングサロン

Salon M's

メディカルエステエムズ

TEL 045-590-5233
https://www.matsui-clinic.info/

医療法人 松井会

松井クリニック
with Salon M's

MATSUI CLINIC

整形外科・形成外科・美容外科・皮フ科・内科・小児科

TEL 045-591-2655
https://www.matsui-clinic.net/

[診療時間]	mon	tue	wed	thu	fri	sat	sun
9:00～12:00	●	●		●	●	●	
15:00～19:00	●	●		●	●	▲	

▲14:30～17:00

＊金曜日午前は一般診療の他、生活習慣病の相談・治療もあり

横浜市都筑区勝田町324-3
横浜市営地下鉄仲町台駅より徒歩10分
勝田団地バス停前（駐車場20台）

携帯からも簡単アクセス!

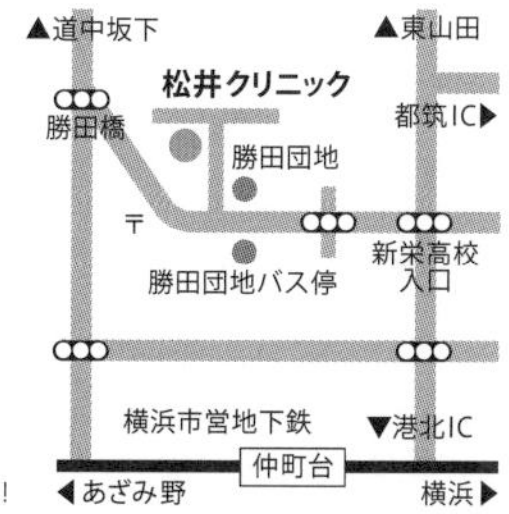

＊98、99、112、113ページもご覧ください

『あって良かった、なくては困る』耳鼻咽喉科

Profile

院長 伊東 祐永

金沢大学医学部卒業後、同大学医学部附属病院、福井県済生会病院、市立輪島病院、氷見市民病院などの勤務を経て、2014年宮前平トレイン耳鼻咽喉科を開院。学会認定耳鼻咽喉科専門医。

アレルギーでお悩みの方へ
530名以上の方がスギ・ダニへの
舌下免疫治療で当院に定期通院中です
(2022年12月現在)

小児耳鼻科/かぜ/アレルギー性鼻炎・花粉症/
いびき・睡眠時無呼吸/漢方治療/補聴器外来

宮前平トレイン耳鼻咽喉科

田園都市線「宮前平駅」すぐ前で通院に便利です!

044-870-1187

川崎市宮前区小台2-6-6 宮前平メディカルモール3F

完全ネット予約制で待ち時間が少なくなりました

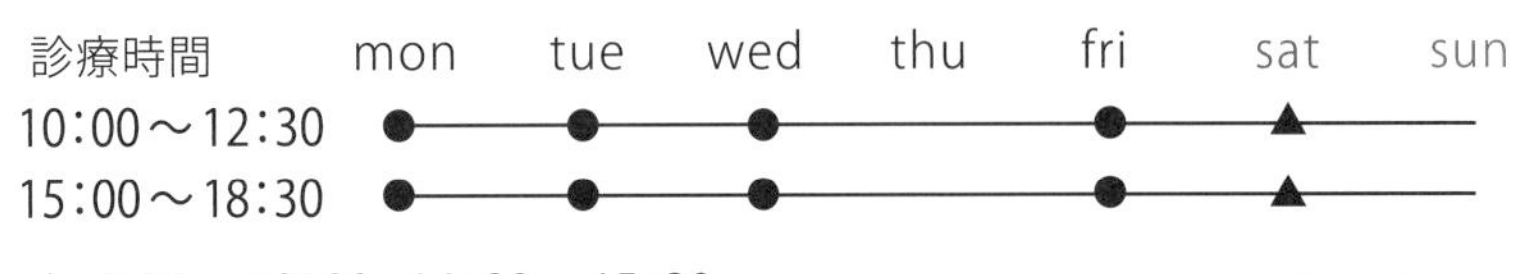

診療時間	mon	tue	wed	thu	fri	sat	sun
10:00~12:30	●	●	●		●	▲	
15:00~18:30	●	●	●		●	▲	

▲ 9:00~12:00、14:00~15:30

予約:完全予約制(ネット時間予約)
休診日:木曜日・日曜日・祝日

宮前平トレイン耳鼻咽喉科 検索

P.92-93 もご覧ください。

ネット時間予約に
簡単アクセス

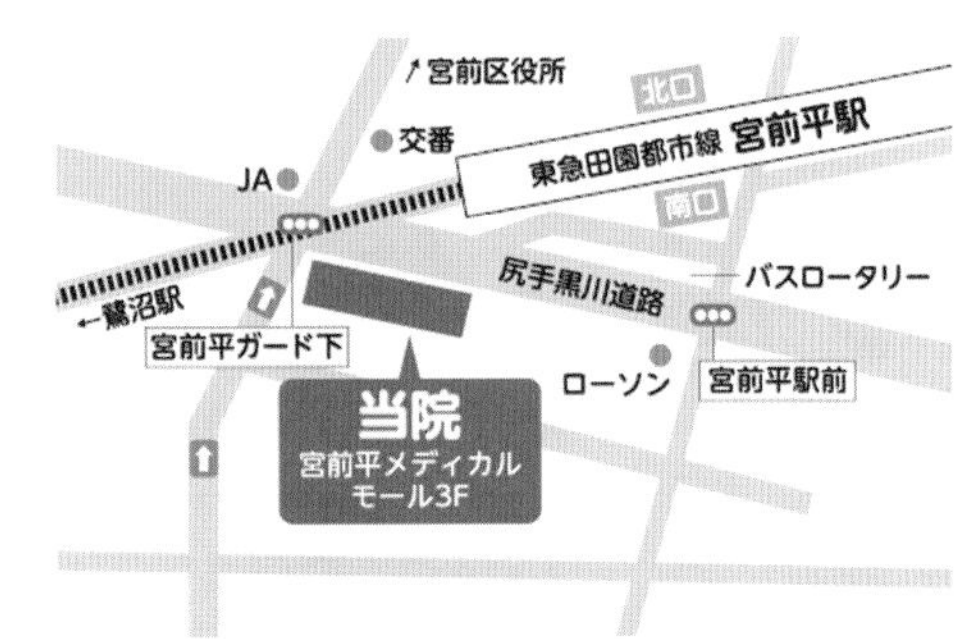

宮前平駅「南口」徒歩 30 秒

夫婦。～もっと「二人」を楽しむ方法。～

CONTENTS

夫婦。

～もっと二人を楽しむ方法～

新婚当時、

好きで好きで結婚したパートナーと、
毎日一緒にいられることが本当に幸せだった。
彼のためにごはんをつくり、
彼女のためにお土産を買って早く帰ろうと心を砕く日々。
子どもが生まれてからは育児に追われ、子ども中心の生活に。
それはそれでとても充実した、楽しい時間だった……。

あれから数十年。

子どもたちから手が離れ、二人の時間が増えてきた今、
二人にとって「夫婦」はどんな形になっていますか。
今でも相手を思いやり、笑いあって、楽しい時間が過ごせていますか。
あるいは、「この人、また家にいるの?どっか行けばいいのに…」と、
ネガティブな気持ちが芽生えたりしているでしょうか。

人生100年と言われる今、

子育てに追われたこれまでよりももっと長い時間、
二人で生きていくことになります。
そして、いつかやってくる最期に向かって、
苦しい時間もあるかもしれません。
だからこそ、今、夫婦二人笑顔で、
楽しく過ごせるように
これからの夫婦の時間を
見つめ直してみませんか。

夫婦で習い事を始めるもよし、一緒にお出かけしてみるもよし。

あるいは、この機会にライフスタイルを見直して、
新しい挑戦をしてみるのもいいでしょう。
子どもたちが独立し夫婦二人になったなら、
家はどうするのがいいかな？
家族そろってお出かけの機会も減ったし、
マイカーの買い替えを検討してみようかな。
お互いの体のこと、いつか来る介護のこと、そして終活についてなど、
目を背けてはいられない問題について、じっくり会話してみては？

夫婦二人だけの時間。

できることなら、仲良く、笑って過ごしましょう。
相手のことを少し思いやって、ちょっと愚痴を言い合いながら、
それでも幸せな「夫婦」でいられるように、
『ビタミンママ』から「夫婦」を楽しむ方法をご提案します。

さて、どんな夫婦を

長く夫婦をしてきたから、今さら関係を変えるのはむずかしい。
急に手をつないでお買い物には行けないし、
今まで一度もやったことないのに、いきなりプレゼントなんかしたら、
何の前ぶれかと気味悪がられそう。

それでも、この先の長い人生、笑って生きていたいから
二人で笑顔でいたいから、できることから始めてみようかな。
幸せそうなご夫婦を見ると、うらやましくはあるけれど、
たからってあんな風にはなれないし。

めざそうか

おしゃれなレストランに、二人でディナーに行ってみようかな？
ちょっとがんばって、オーベルジュに誘ってみたら、
出不精の彼も「行く」って言うかしら。
二人で習い事をやってみようかな？
私の方があっという間にうまくなっちゃったりして…。
思い切って二人用にお家をリフォームしようか？
もっと思い切って、住み替える？

人生は長いようで短いから、最期のときに後悔しないように
今ちょっとだけ無理してみよう。
まずは「いつもありがとう」って言うことから始めてみようかな。

賢い妻の夫婦円満の秘訣！　野々村友紀子さん　インタビュー

「努力なくして夫婦円満はない！」

妻・母・放送作家として、かっこいい生き方と、歯に衣着せぬ痛快な物言いが人気の野々村友紀子さん。人気お笑い芸人「2丁拳銃」の川谷修士さんと結婚して20年。日ごろテレビで見せる強気なキャラも、夫婦の間ではちょっと封印。家庭では、夫婦仲良く過ごす努力を惜しまない、賢く、すてきな奥さまでした。「幸せになりたいから頑張る」と語る野々村さんの、夫婦が笑って年を重ねるための秘訣とは？

――お二人の馴れ初めを教えてください。

出会ったときはお互いお笑い芸人で、『心斎橋2丁目劇場』に出ていた頃。私の方が一つ先輩だったので当時は「姉さん」と呼ばれていました。でも、つき合い始めたら意外と彼の方が「ついてこい」タイプで立場が逆転。「これやっといて」とか、二人で歩いていてもどんどん先に行ってしまうとか、「なんなのコイツ」っていうことが多くて、それで一度別れてるんです（笑）。ただ、もともと彼は穏やかで、争いごとを好まないタイプ。私が初めてつき合う女性だったからつい頑張ってしまったみたいで（笑）。別れた後、態度を改めると言うのでヨリを戻したんですが、その後も別れて戻って…というのが2回ぐらいあったのかな。フラれるたびに反省して、キャラも改善して戻ってくる（笑）。今思えばかわいらしいですよね。

――ご主人は俺様系かと思いきや、平和主義の学習タイプだったわけですね。ご結婚は2002年ということですが、夫婦になってからの関係性はどうでしたか？

同い年なので基本的には対等なんですが、彼は性格的に争わないタイプなので、意見がぶつかると私を優先してくれることが多いかもしれません。

でも、家族の間では「パパが一番（最優先）だからね」と言っています。「パパから選んでね」とか「一番大きいお肉はパパに」とか。芸人の仕事も大変ですし、家にいるときはなるべく気持ちよく過ごしてほしいから、夫優先という雰囲気づくりは意識しています。

「二人の家庭だから、二人で良くしていこう」。そう考えると自然とお互いにやさしくなれるし、いい関係が築けると思う。

—テレビでは「歯に衣着せぬ」という印象の野々村さんですが、実際はそうではないと？

ないない（笑）。あんな（テレビで言うような）言い方してたら、夫婦破綻しますよね。こっちがどれだけ悪くない！って思っていても、もしかしたら悪いかもしれないし、彼も我慢していることがあるかもしれないと思いながら話すようにしています。

夫婦で揉めたときに、意地の張り合いをすると揉めた状態がずっと続いてしまいますよね。すぐに謝れなかったり、向こうが何も言ってこないからこっちも折れなかったり。そうやって意地を張っているうちに、お互いに気持ちを伝える機会が減っていって、会話も減っていくような気がするんです。なので、少しでも悪かったなと思ったらすぐ「ごめんね」って言ったり、「ありがとう」も意識して多めに言うようにしています。そうすると彼も同じように気持ちを返してくれるので、お互いに気持ちよくいられるんです。

「我慢をしない」ということも大事。我慢を溜め込まずに、小さい不満のうちに少しずつ伝える。そして、伝えるときは優しく、明るく（笑）。「話があるんだけど…」とやってしまうとお互いしんどいので、会話のついでにさらっと話すとか。でも、明るく軽く伝えるためには、普段から夫婦の会話がないとできないんです。子どももいるし、忙しさにかまけて「まぁいいか」と流してしまうこともある。なので、私はよく【お誘い】をします。

「ワイン飲まへん？」「お茶せえへん？」と夫を誘って、15分くらいでもいいのでベランダのテーブルで夫婦の時間を持つようにして、キャンドル灯して雰囲気作ったりして（笑）。この時だけはスマホは見ずに、お互いの目を見て話す。そういう時間があるだけで、不満や我慢が積もっていかず、夫婦の関係性もうまくいくように思います。

—夫婦仲良くいるために心がけていることは、他にもありますか？

基本的に「努力なくして夫婦円満はない」と思っているので、小さな努力を毎日少しずつでも積み重ねていくようにしています。イラッとして感情的になることもありますが、「これは言ったらダメ」という一線は超えないように、とか。二人の家庭だから、「二人でなんとかしよう」ということは常々話しています。

こういうふうに考えられるようになったのは、実は母のおかげなんです。結婚の直前になって、母から「結婚して幸せにしてもらおうと思ってたら絶対あかんで」と言われて。結婚したら、うまくいかないことや苦労することは必ずある、どんな夫婦でも乗り越えないといけないことがやってくるから、そのときに「二人で解決しよう」「どうすれば二人が幸せになれるか」というふうに考えないとあかん、と。

結婚直前でしたが、そのとき「確かにそうやな」と妙に納得して、同時に「危なかった〜」とも

夫婦の時間を楽しむために、雰囲気作りも大切。ちょっとこっぱずかしいと思っても、そういう小さな努力が、数年後の関係をよくすると思うから。

思いました（笑）。もし母からその話を聞いてなかったら、うまくいかないことを相手のせいにするとか、「幸せにしてくれると思ってたのに話が違う」と、新婚の頃にすでに思っていたかもしれないですね。

――揉め事やけんかになるのはどんなときですか？

私たちの場合は、家事の分担で揉めることが99％でした。彼は「やっているつもり」、私は「もっとやってほしい」。その繰り返し。

定期的に不満が溜まって、話し合いをすると彼も「やるから」って言ってくれるので一時的には収まるんです。でも根本的に解決していないのでまた不満が溜まって、もっとやってほしいという気持ちをできるだけやさしく伝えるんですけど、なかなか伝わらないから感情的になってしまう。彼も「やってるのになんでそんなに言われなあかんの」と納得がいかず、ずっと平行線が続いていました。

幸せに貪欲なんです、私（笑）。

――家事での揉め事はどのように解決したのですか？

自分でもなんでこんなに伝わらないんだろう、うまくいかないんだろうと思っていたのですが、あるとき、私の「やってほしい量」と、彼が「やってる量」の認識が違うことに気づいたんです。それで、夫婦げんかを減らすために一度家事の総量を出して【家事の見える化】をしてみたんです。私がどれだけやってるかわからせてやりたい、びっくりさせてやろうと思って書き出してみたら、ものすごい量の項目になって自分がまずびっくりしてしまいました（笑）。最初は20項目ぐらいかなと思っていたんですけど、例えば「掃除」でも部屋の掃除だけじゃなくて、洗面台を磨くとか鏡を拭くとかいろいろありますよね。彼にとっての家事は「掃除をする」「洗い物をする」とかそういう大雑把な捉え方。でも実は家事って、もっと細かくて、見えない部分が大事なこともあるじゃないですか。そういう細かいことも全部書き出してみたら掃除だけでもものすごい数になって。結局140項目以上ものリストが出来上がって、「私はこの家事全部やってるんだけど、このうちあなたいくつやってる？丸つけてみて」って。渡したら、丸がついたのはたった8個（笑）。

大量の家事リストを見て彼も驚いていましたが、「こんなにやってたんだ」「今まで理解してなかった」という気持ちになってもらえて、ようやく話が進んだんです。彼が家事の全体像を把握してくれたことで、家事以外でイライラすることも減りました。以前なら物の在処が分からなくて、電話で「あれってどこにあるの？」「黒い棚の何段目の…」「黒い棚ってどれ？」みたいな（笑）。黒い棚って言ったら一つしかないのに、どこに目つけてんの？とイラつくこともあったんですが、今はけんかや揉め事はほとんどなくなりました。

我慢はしない。不満は小さいうちに、やさしく明るく伝える。

――夫婦円満のためには経済的に余裕があることも重要という声も聞きます。経済面の不安や不満で揉めることはなかったのでしょうか？

揉めることはなかったんですが、夫の収入は毎月増減があって、その上なんの保証もないので経済的な不安は常にありました。ちゃんと生活していけるのか、子どもを産んで育てられるのか、家買っても大丈夫？と。でも、不安を抱え続けているとずっと不安なまま。不安をなくして、なるべく幸せに近づけるように行動しようということは結婚当時からやっていました。

子どもが小さかった時は、家の中で稼げることはないかと考えて、着なくなった子ども服やベビーベッドをネットオークションで売って、100万円貯めたことも。そうやって収入になれば自分も役に立っていると思えるし、経済的な不安も解消していきました。

経済的なことだけでなく、嫌だな、不安だなと思うことは放置せず、早めに解決するようにしています。やっぱり幸せになりたいので（笑）。夫婦関係がうまくいかないことには幸せはやってこないので、どうやったら幸せに近づけるかな、と常に考えていますね。幸せに貪欲なんだと思います、私（笑）。

――今後の人生で、夫婦でさらにどんな関係性を築いていくか、夢やイメージはありますか？

お互いに仕事がどうなるかわからないので、本当にノープランなんです（笑）。でも、娘はいずれ嫁いでいくと思うので、二人になったらあらためて旅行したり、二人で気楽に外食を楽しんだりしたいですね。最近は娘が送り出してくれるので、近所のレストランで軽くワインを飲むこともあって、そういう時間が今はとても楽しいです。

夫婦って、結局二人で過ごす時間が一番長くなるんじゃないかと思うんです。子どもが巣立っていった家で夫婦二人で気まずくなるのも嫌なので、「子どもたちも無事に巣立ったし、また二人で楽しく、若いときとは違った夫婦生活が始まるね」って言えるように、ちょこちょこ方向修正したり、夫婦の時間を作るとか、こまめに努力していくのがいいのかなと思います。

夫婦関係も掃除と一緒で、放置するとホコリが溜まっていって、やるとなったら大掃除みたいな。掃除するのも億劫になってしまう。面倒だけど、お風呂入ったついでに鏡磨くみたいにやっておくと、すれ違いや揉め事も小さなうちに解消できると思うんです。「夫婦の会話もないし、いまさら恥ずかしい」という方もいると思いますが、どんな夫婦にも楽しかった時期はあるはず。そういうことも思い出しながら、「ちょっと恥ずかしいけど、いいじゃん」って、笑ってやってみたらいいんじゃないかな。今まで放置していた分、溜まったホコリを払うのは大変かもしれないけど、それは自分たちが放置して、目をつむっていたからでもあるので。「帰りに牛乳買ってきて」の語尾に「ね」をつけるだけでもいい。そういう積み重ねが何年後かの幸せにつながりますから（笑）。面倒ですけどね。私もアホらしいなと思うこともあります。でも、自分たちの幸せのために今からでも取り掛かってほしいなと思います。

Profile

野々村友紀子（ののむら ゆきこ）さん

1974年8月5日生まれの放送作家。大阪府出身。芸人として活動後、放送作家へ転身。現在は吉本総合芸能学院（NSC）東京校の講師、著書・脚本等の作家業に加え、メディア出演など多方面で活躍中。

野々村さんのブログはこちらから

最新著書

『アカンヒトズカン』
学研プラス 刊
1,430円（税込）

夫婦で読みたい！

野々村さんの痛快著書

旦那様をびっくりさせてやろうと書き出したリストが1冊の本に！

『夫が知らない家事リスト』
双葉社 刊
¥1,430（税込）

夫婦円満のために日々心掛けていることを綴ったエッセイ集

『夫婦喧嘩は買ったらダメ。勝ったらダメ。』
産業編集センター 刊
¥1,320（税込）

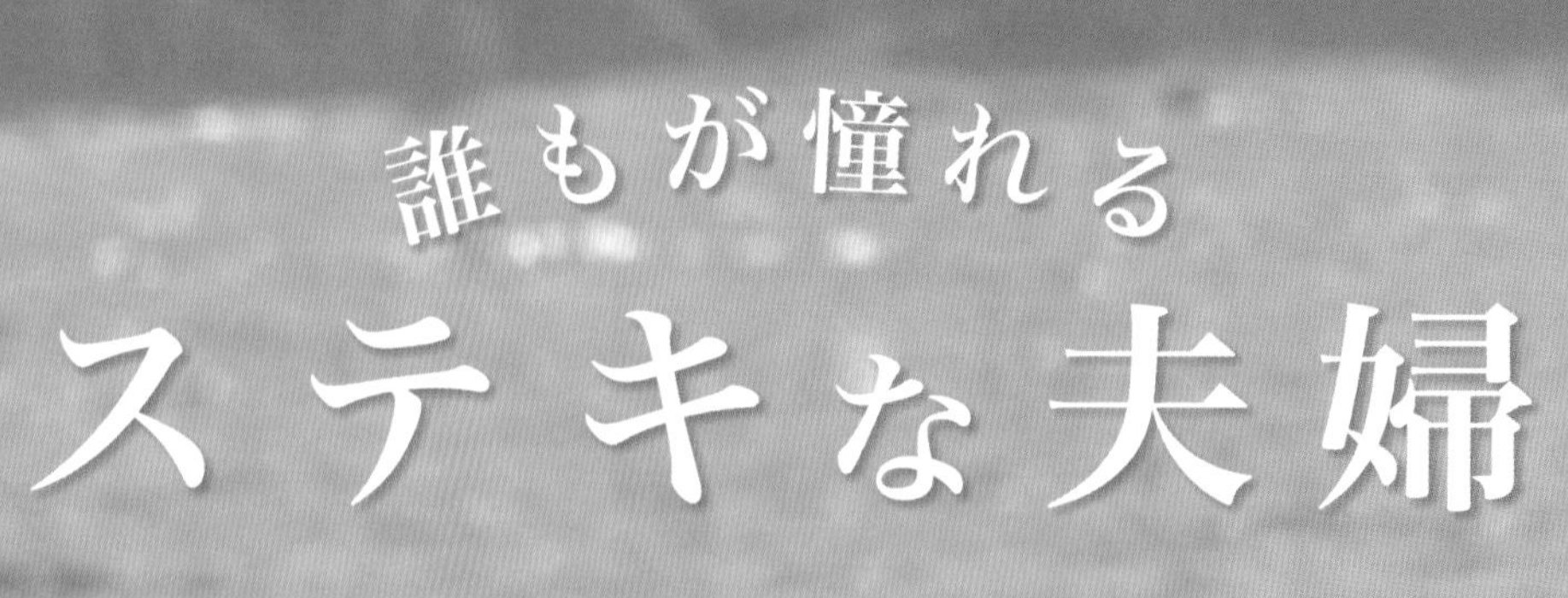

誰もが憧れる ステキな夫婦

定年後を過ごす家として房総にサーファーズハウスをセルフビルドしている夫婦。
地元産の食材を使用し、できるだけ手作りにこだわり地元で人気のカフェを営む夫婦。
週末はマイボートに乗って海に繰り出し釣りを楽しむ夫婦。
いろんな夫婦のライフスタイルと、二人のこれからなどをインタビューしました。
仲睦まじく過ごす夫婦に憧れる。そんな二人にぜひ、読んでほしい企画です。

共通の趣味は釣り！毎週末、海に繰り出す。

学生の頃から、外遊びが好きだったという伊藤さんご夫妻。
結婚してからも、そしてお子さんが誕生してからも、
キャンプやサイクリング、登山、そして釣りに出向きます。
なかでも釣りにどハマりした、と奥様の友夏さん。
カヤックからマイボートに乗り替え、週末は海へ。
「そうだ、あれをしよう」という小さな目標ができ、
それをクリアすると次の小さな目標を立てる。
その繰り返しが夫婦円満の秘訣、と語ります。
ご主人の栄さんと、この週末も釣りに出かけます。

セカンドライフの拠点をセルフビルド！

機械メーカーに勤務する中野実さん。
大病を患った経験がありながら健康管理は疎かなところも。
看護師の経験がある美弥さんはそんな実さんを気遣います。
二人は紆余曲折を経て、九十九里に土地を購入。
実さんが定年した後は、ここでゆっくり過ごしたい。
その住まいはなんと、夫婦でセルフビルド。
天気がいい週末は足繁く九十九里に通い、作業を進めます。
「まだ作業工程の１割ぐらい」と苦笑交じりに美弥さん。
実さんが定年する３年後に向けて着実に歩を進めています。

手作りにこだわった、地元で人気のカフェ。

地元・神奈川産の肉や野菜を使った料理も味わえる
カフェとして人気の Happy cafe 食堂。
秦野誠さん、実恵さんが営むこのカフェでは
「ここでしか味わえないものを」という思いのもと、
料理はもちろん、ジンジャーエールのシロップや
デザート、ソーセージとそれにつけるマスタードや
ケチャップまで、手作りにこだわっています。
お店でも家でも、ずっと一緒にいるお二人。
仲睦まじく過ごす様子は、お客さんからも好評です。

ステキな夫婦

伊藤 栄さん 友夏さん

ITO

ワクワクが止まらない釣りに夢中 小さな楽しみが夫婦の大きな喜びに

学生時代に出会い、デートはマウンテンバイクにキャンプ、そして釣りなどもっぱら外遊びだったという伊藤 栄さん、友夏さんご夫妻。二人の娘さんが生まれてからは家族でキャンプや登山にも。そして、お子さんが中学生になり、子育てもひと段落したころ再燃したのが釣り熱で、毎週末、夫婦二人を海に駆り立てるほど燃え盛っているそうです。

二人でアウトドアを楽しみ 家族ともその楽しさを共有

学生時代からマウンテンバイクを車に積んでキャンプに出かけたり、釣りに行ったりと、アウトドアで遊ぶことが多かったという伊藤さんご夫妻。大学3年のときには20日間かけて、キャンプをしながら北海道を一周した経験もあるそう。

大分県出身の友夏さん。子どもの頃から釣りに親しんでおり、親戚に漁師の方がいたこともあって船で海に出ることもよくあったそう。一方の栄さんは埼玉のご出身で、川での釣りを楽しんでいたのだとか。おつき合いしているときは、三崎の防波堤にもよく足を運んでいました。結婚後、お子さんが誕生してからは家族みんなが楽しめるキャンプに没頭。

「子どもたちが中学生くらいになると、部活だなんだで家族一緒の時間が少なくなっていきました。私の時間も増えてきたので、本格的に釣りを再開したい、と主人に話したところ、『じゃあ、一緒にしよう!』って。それ以来、天気がいい週末は二人で、海で過ごすことが多くなりました」と友夏さん。まずは遊漁船に乗り、その後、葉山や富浦のレンタルボートを利用して毎週のように釣りに行くようになったと言います。

レンタルボート代を払うなら 自分たちの船を持とう

ほぼ毎週、レンタルボートで釣りに行くようになると、どうしてもボート代がかさみます。そんなとき、葉山でシーカヤッ

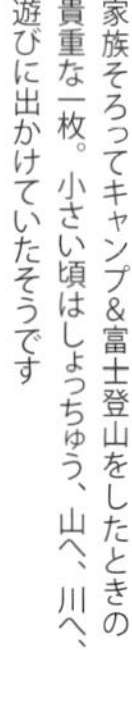

娘さんたちが大きくなり、なかなか一緒に過ごすことができなくなりましたが、そんななかで家族そろってキャンプ&富士登山をしたときの貴重な一枚。小さい頃はしょっちゅう、山へ、川へ、遊びに出かけていたそうです

クに乗って釣りをする人を見たそう。これなら手軽にマイボートフィッシングを楽しめると思い立ち、すぐにタンデム（2人乗り）のシーカヤックを購入しました。しかし…。

「パドルのこぎ過ぎで手の腱を痛めてしまって。これじゃカヤックで釣りに出られない、となったので、ポータボート（折りたたみ式のボート）に乗り換えました」と友夏さん。6馬力のエンジンつきのボートに乗り換えてからも、海況が穏やかな週末は二人で海に浮く時間を楽しんでいます。

土曜日、もしくは日曜日に釣りに行き、栄さんが仕事の平日、友夏さんは釣り具の片づけや釣ってきた魚の料理などを担当。栄さんは仕事を終えると次の釣り場の情報収集。水曜日には週末の天気を気にしながら行き先を考え、釣り具の準備をし、金曜日はまるで子どもが遠足に行く前日のように「どこへ行こうかな」、「何が釣れるかな」とワクワク、ドキドキする。この「ワクワク・ドキドキ」こそ、釣りの魅力だと話します。

海況が悪いときは海に出ず、いろいろなところへ出かけて夫婦一緒の時間を過ごしているそう。季節の花を楽しんだり、温泉に浸かったり、おいしいものを食べに行ったり

同じ趣味だからこそ共有できるたくさんの「タノシミ」

釣りに行く前は一緒にワクワクしたり、見知らぬお客さんと一緒に出る乗合船からレンタルボートに変えて海に出てみたり。自分たちだけのボートを持とうとシーカヤックを買う、エンジンつきのボートに乗り換える、釣りのための拠点を持つ、などなど、釣りを通して「あれをしよう」「これをしたい」というたくさんの「タノシミ」を実現してきたという友夏さん。

「私たちには『将来、こうなりたい』みたいな大きな夢がないんです。その代わりに小さい目標になるような何かを目の前にたくさん設けて、二人で一緒の時間を過ごしながらかなえていくんです。これも同じ趣味だからこそ。必然的に会話も増えますし、ときには言い合いになり、釣りに出るとどっちが大きい魚を釣るか、どっちがたくさん釣るかって張り合うこともありますが、こんな時間の過ごし方ができるのは釣りがあるから。釣りを楽しむための〝タノシミ〟は尽きないと思います。これからも良きパートナーであり、釣りに関しては良きライバルとしてあり続けたいですね」

そして最後に友夏さんは、こう語ってくれました。「昔は良かった、っていう生き方をしたくないんです。今を存分に楽しみ、今が一番好きな自分でいようね、って。これは夫婦間だけでなく、子どもたちにも言っています」。天気が悪い週末でも、温泉に行ったり、花を見に行ったり。二人一緒の〝今〟を有意義に過ごしています。

A カヤック、ボート共に船名は二人の名前を一文字ずつ取って「栄友丸」とつけました。乗合船と違って他人に気を遣うことなく楽しめるのが、マイボートフィッシングの良さだと言います　B・C 友夏さんが手にしているのはオニカサゴ、栄さんの一匹はアマダイ。釣った魚は自宅に持ち帰って調理し、晩酌の肴になります。「釣ったことがない魚を一匹でも多く釣ることが目標です。マイボートは狙う魚、行きたいポイントが自由。だから今度の週末はどこで行って何を釣ろう、ってワクワクできるんですよね」と友夏さん

ステキな夫婦

中野 NAKANO
実さん
美弥さん

セカンドライフは自分たちで建てた家で まだまだ、やりたいことがたくさん!

セカンドライフは都会の喧騒から離れた地方で、趣味に興じながらのんびりしたい。それも、自分たちで建てた家で。そんな夢を抱く中野実さん・美弥さんご夫妻。美弥さん主導で始めたセルフビルドはまだまだ足を踏み出したばかりですが、実さんが定年を迎える3年後に向けて、二人で手を取り合いながら着実に歩を進めています。

セカンドライフは海の近くで 拠点は「自分たちで建てよう」

中野実さんと奥様の美弥さんがセカンドライフの拠点として、自分たちのこだわりが詰まったサーファーズハウスを建て始めたのは2021年の夏でした。週末のみの作業で、雨が降ったら中止。二人で地道にコツコツと続けてきたものの、「まだ全工程の1%ぐらいかな?」と苦笑まじりに話す美弥さん。

実さんは以前、大手保険会社に勤めており、いわゆる転勤族でした。都会に程近い田舎で生活した経験もあり、また、学生時代はヨット部でマリンスポーツ好きということもあって、「セカンドライフは海の近くで過ごしたい」、という思いがありました。これに美弥さんも同意。まずは中古の物件を探すところからスタートしました。

熱海や伊東、伊豆高原から、実さんが九州出身ということもあって、天草にも足を運んだそう。なかには「ここ、いいな」と思った物件もあったと言いますが、「前の住人の方の仏壇や、敷地内にお墓が残されたままで、それが気になって諦めた」ところも。「先祖代々の遺影が残されていて、あやうく私もそこに並ぶところでした」と実さん。

中古物件をリノベーション しかし、まさかの契約破断に

もともとのもくろみは中古の

この日は地盤を固めた後に打つ、捨てコンクリート作業。「何事も基礎が大事ですから」と美弥さん。実はこの作業中、腰を痛めたという実さん。くれぐれも無理なさらずお大事に…

YouTubeチャンネル「妻はセルフビルダー」はこちら。

美弥さんのブログはこちらから。

物件をリノベーションすること。美弥さんは建築関係の企業に勤めていたことがあり、そこで二級建築士を取得。実務経験はないものの、その知識を生かし、住みやすい家づくりを目指すところから始めました。が…。

「契約直前になって先方が、『やはり、売りたくない』と言い出されて。許可を得たうえで草刈りを始めていて、さぁ、これからという矢先の出来事でした」。

セカンドライフは趣味の時間をたっぷりもてる住まいで、のんびり過ごす。その夢を諦められず、物件探しを再開。房総に足を運んだとき、実さんが飛び込んだ不動産屋さんに紹介してもらったのが、九十九里有料道路を挟んだ先に太平洋が広がるという、理想の地でした。

契約後、土地の整地から作業を開始。さらに美弥さんは、関連書籍を読んだり、YouTube 動画を見たりして、施工の手順や各方面への申請などの勉強もしました。自治体への建築確認申請も自ら行い、今に至ります。

建築基準法による確認済表示板。建築主、設計者、工事管理責任者の欄には美弥さんの名前が書かれています。「ここの責任者は私という証。身が引き締まる思いです」

また、この工程を自分たちの記録用として録画。美弥さんは自らYouTubeチャンネル「妻はセルフビルダー」を開設し、日々の作業を公開しています。

「リノベーションのときにこのチャンネルを始めたのですが、そのときはチャンネル登録者数がうなぎ上りで、やりがいを感じていたんです。いろんな方からのコメントも励みになりました。でも、イチからセルフビルドに方向転換すると登録者数が減っていったのは寂しかったですね。決してユーチューバーになろうというわけではないんですが、心の支えが減った気持ちでした」。

夫婦円満の秘訣はお互いの信頼
さらに、健康管理も大切

「私が定年するまであと3年。まぁ、地道にコツコツ続けますよ。とはいえ、現場監督は妻ですから、私はその指示に従って作業するだけですけど」と笑みを浮かべながら話す実さん。そこには、美弥さんへの絶対の信頼がうかがえます。「妻はとにかく、時間があれば勉強しているんです。だから私も安心して任せられる。何事においても夫婦の信頼関係が大事ですね」。

一方、看護師の経験もある美弥さんは、過去に脳梗塞など大病を患った経験がある実さんの健康状態も気にかけます。「主人は目を離すとトンカツを食べた翌日にカツサンドを食べるので、家では野菜中心の生活です。この家を建てる作業も、主人にとってはいい運動になっていると思います」。

二人の共通の趣味は洋楽で、さいたまスーパーアリーナで行われた、ガンズアンドローゼズの日本公演に行ったそう。また、これまで4回も旅行で訪れたベトナムのダナンが大好きで、将来的にはそこにも住まいをもつことが夢だと語ります。「それもセルフビルドで。この家が完成したら経験もできるわけですから、次はそんなに時間もかからないかな、なんて」と美弥さん。

セカンドライフでもやりたいことがたくさんあり、「死んでる暇なんてない!」と美弥さん。その姿をほほ笑ましく見つめる実さん。希望に溢れたお二人の笑顔がとても印象的でした。

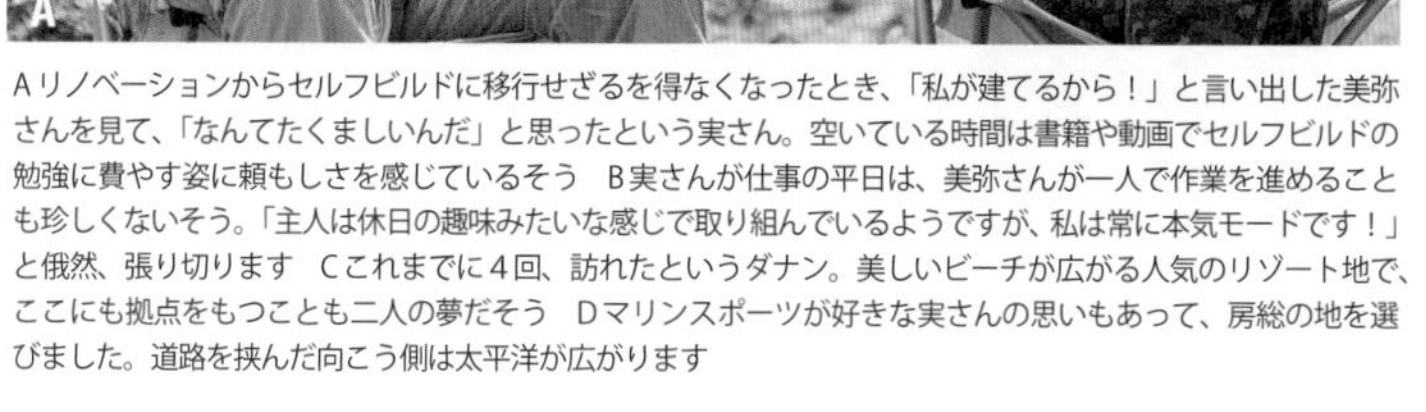

Aリノベーションからセルフビルドに移行せざるを得なくなったとき、「私が建てるから!」と言い出した美弥さんを見て、「なんてたくましいんだ」と思ったという実さん。空いている時間は書籍や動画でセルフビルドの勉強に費やす姿に頼もしさを感じているそう　B実さんが仕事の平日は、美弥さんが一人で作業を進めることも珍しくないそう。「主人は休日の趣味みたいな感じで取り組んでいるようですが、私は常に本気モードです!」と俄然、張り切ります　Cこれまでに4回、訪れたというダナン。美しいビーチが広がる人気のリゾート地で、ここにも拠点をもつことも二人の夢だそう　Dマリンスポーツが好きな実さんの思いもあって、房総の地を選びました。道路を挟んだ向こう側は太平洋が広がります

ステキな夫婦

秦野 HADANO
誠さん
実恵さん

地元に愛されるカフェを営む夫婦の円満の秘訣は「仕事も家庭も自然体」

それぞれ別々の飲食店を営んでいた、秦野 誠さん、実恵さんご夫妻。結婚を機にそれぞれのお店をたたみ、厚木の地で食事も楽しめるカフェをオープンしたのは、2010年のことでした。「ここでしか味わえない」料理やドリンクにこだわる「HAPPY cafe 食堂」は、今日もたくさんのお客さんでにぎわいを見せています。

自然豊かな厚木に移住し お店と子育てにいそしむ毎日

ご主人の秦野誠さんはバーテンダー。奥様の実恵さんはワーゲンバスの移動販売で、コーヒーや焼き菓子を提供していました。お二人の共通のお客さんによって知り合い結婚。これを機にそれぞれの店を閉め、二人でカフェをオープンしました。それが「HAPPY cafe 食堂」です。

店舗は賃貸物件。奥様がお世話になっていた方の親戚がここの大家さんで、「結婚して子育てをするなら、厚木はどう？自然がいっぱいでいい環境よ」という助言を受け、この環境を気に入りすぐに契約。2カ月の準備期間を経て、2010年5月にオープンしました。

「ここは私たち二人が持っていたものを融合したお店です。カフェでありながらしっかり食事もできる。だから店名もカフェ食堂なんです」と誠さん。神奈川生まれのブランド豚、やまゆりポークを使ったカレーやドリア、奥様が焼くシフォンケーキやクッキーなどが人気で、ランチタイムには待ち客が出ることも珍しくありません。

こだわりは「手作り」。カレーのルーやデザート類はもちろん、ソーセージとそれにつけるマスタードやケチャップ、さらにジンジャーエールのシロップなども手作りです。「せっかくウチに足を運んでもらうんだから、

やまゆりポークの角煮カレー。柔らかく食べ応えがある角煮が美味！幅広い年齢層に支持される人気のメニュー

HAPPY cafe 食堂
神奈川県厚木市小野 2236-2
046-248-4823
11:00〜16:00（金〜日は 21:00 まで）
火曜日定休

秦野さんご夫妻が営む HAPPY cafe 食堂の詳細はこちら。

ほかでは味わえないものを味わってほしい。もちろん、必要に応じてマヨネーズなど市販のものを使うこともありますが、なるべく手を抜かず手作りにこだわっています」と誠さん。

手作りのこだわりは野菜にも
同じ味、同じ品質を届けたい

お店で提供するものはなるべく手作りにこだわる秦野さんご夫妻。そのこだわりは素材にまで及び、1年ほど前から自家栽培に取り組んでいます。

「市場や直売所で質のいい野菜を買えますが、例えばかぼちゃの場合、それはホクホク系なのか、しっとり系なのかで出来上がる料理が変わってくる。毎年、かぼちゃを使ったメニューを出していますが、仕入れて切ってみると中身が違うことも。つまり、同じものが作れず、

実恵さんお手製の、クッキーやシフォンケーキなどの焼き菓子も人気。このほか、カレー各種やグラタン、ドリア、やまゆりポークのソーセージなど、テイクアウトも充実しています

お客さんに同じ品質のものを提供できない。同じものを作り続ければ、お客さんにその味を覚えてもらえますから、『またあれを食べに行こう』と言ってもらえるかもしれません」と誠さん。

そのこだわりはお客さんにも浸透しているようで、「うちの子はここの野菜だったら食べるんです」と言うママや、「家では肉を食べないんだけど、ここの角煮はぺろっと食べられる」と言う年配の方の声が、秦野さんご夫妻の励みになっているそう。

休みの日もお店のことに費やす
ずっと一緒に過ごすからこそ

お店でも家庭でも、ほとんどの時間を一緒に過ごしている秦野さんご夫妻。定休日の火曜日も自家栽培の畑に行ったり、買い出しに行ったりとお店のことに時間を費やし、お子さんが学校から帰ってきてからは、習い事に連れて行ったり、遊んだりと、なるべく一緒に過ごすようにしているそう。そこで、夫婦二人でずっと一緒にいるからこそ、気をつけていることはありますか、と聞いてみました。

「お客様からもよく同じことを聞かれるのですが、実は特に意識していることってないんです。主人は本当にまじめで、突き詰めていくタイプ。でも、そこが気になって口を出す、要は、自分の考え方にハメようとするとうまくいかないと思うんです。だから、なるべく気にしない。いい意味で〝適当〟です」と笑いながら話す実恵さん。

誠さんは、「僕は妻に対して、ありきたりかもしれませんが、感謝を口にするようにしています。例えば忙しい日に閉店したあと、今日もありがとうって。夫婦とはいえ、当たり前なことってないと思っています。だから、常日頃から、感謝を声に出して伝えるようにしています」。

仕事だから、家だからという分け隔てはなく、いつも自然体。隠し事をせず、常に感謝の言葉を交わし、お互いのことを必要以上に干渉しない。「夫婦仲良く」を意識し過ぎると、かえってギクシャクするのではないか、とお二人は口をそろえます。

「うまくやるために何かしなきゃ、っていう考えが逆効果になることって多々あると思うんですよね。むしろ、意識しない方がうまくいく秘訣なのかも」と実恵さん。今日も二人の笑顔とこだわりの料理で、たくさんのお客さんを幸せ（ハッピー）にします。

A パン職人という経歴ももつ実恵さんと、料理も出すバーテンダーの誠さんが出会って生まれた HAPPY cafe 食堂。和な造りの店内は全14席。手作りにこだわった数々の料理が好評です。お客さんへの安心感を提供するため、レシピサイトでオリジナルのレシピも公開しています　B 夫婦間でも「当たり前」は存在しない、と誠さん。「干渉し過ぎないことが大切」と実恵さん。これが秦野さんご夫妻の夫婦円満の秘訣だそう　C ほかにはないこと、同じ味を維持することを目的に1年ほど前から自家栽培を始めました。ときにはお子さんと収穫することも

妻の本音 VS 夫の本音

夫婦の本音座談会

夫婦生活数十年。夫に、妻に、言いたいことはいっぱいある。
でも、わざわざ言うのもな……と、波風立てず、日々をやり過ごす。
でも、ときどきパートナーの言葉や態度に傷つくことがある。
ときどき、とっても愛しいと思う。
ときどきは、なぐってやりたいぐらい腹が立つ。
そんな思いを腹におさめて今日もいつもと同じ日がめぐる。
そこで、お互い面識のない既婚男女3名ずつにお集まりいただき、
日ごろパートナーには言わないけれど、
心にためている本音あれこれを、じっくり語っていただきました。

MEMBER

夫 **けんさん**
48歳(妻 48歳)
結婚 22年
会社員
子ども(22歳♀・16歳♂)

妻 **みーさん**
45 歳(夫 42歳)
結婚 19年
主婦
子ども(19歳♀・17歳♂
13歳♂・9歳♂・7歳♂)

夫 **こうさん**
50歳(妻 52歳)
結婚 22年
会社員
子ども(19 歳♂・13 歳♂)

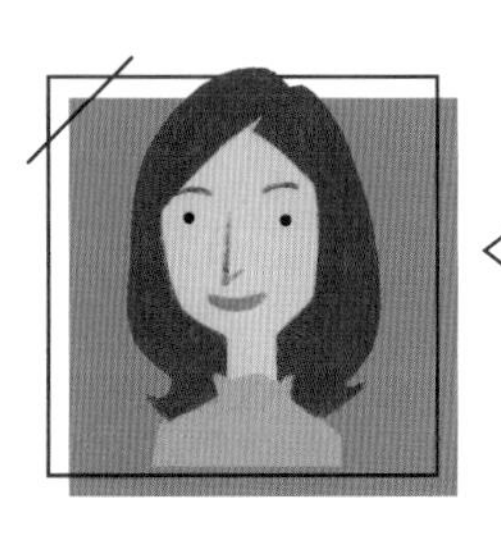

妻 **わかさん**
46 歳(夫 41歳)
結婚 11年
システムエンジニア
子ども(9歳♀・5歳♂)

夫③ **よしさん**
51歳(妻 46歳)
結婚 10年
公務員
子ども(11 歳♀)

妻 **りえさん**
45歳(夫 51歳)
結婚 19年
フリーランス
子ども(19歳♀・17歳♂
7歳♀)

let's talk

けん

どうにも昭和的価値観が抜けきらない旦那様。奥様のお母さんと同居中で、週末は趣味の野球に没頭。早期リタイアして田舎に帰ろうかなと画策中。

今過渡期だから、
これから変わっていくんでしょう。
俺らには無理だけど…。

みー

5人の子持ち！子育ての協働は必須だけど、かなりオレオレな旦那様にちょっとイラッとしている今日この頃。

二人だけで一緒には暮らせない。
老後は円満別居でいい！

こう

過去のオイタのせいで奥様に頭が上がらない。不満はありつつも、今のところ家庭は円満。

不満はないよ。
別に満足もしてないけど。

わか

旦那様は5歳下。座談会をしてみた感想は、5歳違うと家事や育児に対する男性の感覚が違うのかも、うちはけっこう積極的に家事も育児もしてくれますとのこと。

料理に凝るのはいいけど、
出したら片づけてほしい！

よし

一人娘がかわいくて仕方がない！家庭は子どもを中心にまわる、真面目で穏やかな旦那様。

奥さんに捨てられないようにしないと…。

りえ

比較的夫婦仲良し。力関係は圧倒的に妻が強めだけど、男女としてのお互いへの気持ちもまだかろうじて維持。

休日は妻にとってもお休みですけど？

イラスト／MAKO

今日の座談会の狙いは

夫の本音ずばり

夫婦の本音座談会

妻の本音ももちろん興味深いけれど、結構ちまたにあふれていて、その声も内容もだいたい予想ができます。では、夫の本音は？　今回は、ぜひ夫側の本音を聞き出したい！　ということで、夫婦の本音座談会の開催と相成りました。

今日はお集まりいただきありがとうございます。初対面の人も多いですし、ここでの話は決してそれぞれのパートナーに漏れたりしませんので、腹を割ってお話しください。

Q　皆様、ご結婚何年ですか？

けん　娘が22だから、もう22年ですね。できちゃった婚だから。

よし　うちは10年。今月結婚記念日なんですよ。25かな？26だったかな？

わか　え、それを忘れるのはまずくないですか？

よし　そうなのよ、思い出しとかないと…。誕生日も18日だったか、19日だったかわからなくなるんだよね。

みー　毎年忘れるんですか？

よし　興味ないわけじゃないんだよ。でも日にちがはっきりしなくなるのよ。

女性陣　…………。

こういうところに妻はちょっとずつイラ立ちをためていくのかも……。とにもかくにも、座談会は和気あいあいと進みます。

夫源病のはなし

Q　夫源病という言葉を知っていますか？

りえ　旦那さんの存在がストレスになって奥さんの具合が悪くなることですよね。

けん　旦那さんのことが嫌いってこと？いると病気になるの？

こう　今でもすでに家にいると嫌がられてるんですけど……。だから、自宅近くのテレワークできる場所で仕事することも多いです。いるだけでイライラされるから。

けん　昔は、「亭主元気で留守がいい」とか言われたりしたね。

Q　それについての旦那さん側の本音は？

よし　そんなこと言われてもねぇ。夫の居場所がないよね。

りえ　「妻源病」という言葉もあるっていいますけど、奥さんが家にいると気詰まり、とか、ストレスで具合が悪くなるということはないですか？

こう　終始ビクビクして暮らしてますから。具合が悪くなるってことはないけど、帰宅して妻がいないとホッとするってことはあるかもしれないですね。

けん　こっちだって、子どもが巣立って二人だけになったらどうしようかな、どうなるんだろうなっていう思いはあるけどね。

よし　捨てられたら困るからねぇ。

イライラ

カリカリ

妻の不満 TOP 3

1　**気が利かない（26.7%）**
2　**家事に協力的でない（20.5%）**
3　**整理整頓ができない（17.9%）**

（2018年明治安田生命「いい夫婦の日アンケート」より）

ビタミンママの考察

座談会に先立ち、11月に行ったビタミンママの調査では、家事への非協力的な姿勢のほか、「やってくれるけど雑」「頼んだときにすぐやってくれない」といった、家事への姿勢、とくに「やってほしいときに、やってほしいことをやってくれない」といった、自分の要求に寄り添ってくれないことへの不満が目立つ結果に。女性は自分軸の時間や価値観の中で、そこからはずれる男性の姿に不満を感じているのかもしれません。

女性側から見る「夫源病」はかなり辛辣ですが、男性側は少しマイルド。妻の存在にビクビクしながらでも、妻がいてくれることを期待しているうちは円満でしょうか。

家事・育児のはなし

Q 家事・育児はしますか?

けん　ゴミ出しくらいかな。
りえ　そのゴミ出しはどこから?家中のゴミをゴミ袋にまとめて、ゴミ箱に新しいゴミ袋をセットする?
けん　しない。まとめられたのを出しに行く。
こう　しないっていうかできないんですよね。袋ラーメンぐらいは作れるけど、カレーは無理かな。レトルトなら。基本的にお湯を沸かすのとレンジでチン以外はできません。
けん　オレら50歳前後は、ギリギリ昭和世代で、親を見て育ってるから価値観が変えられないんだよね。実家の親父が家事をやってるところなんか見たことないし、それが当たり前だと思ってたから、それがだめだっていう感じがしない。
よし　男はこういうもんだと思って育ってるのでね。
みー　男の言い訳だよね。
けん　実家の両親は共働きだったけど、それでも親父は本当にまったくやってなかった。「男子厨房に入るべからず」みたいな感じで、母親がそれに文句言ってるところも見たことない。
りえ　うちも両親は自営業で、同じところで同じ仕事をしているのに、父は家事をまったくしてなくて。
わか　女の子は親のその姿を見て「不公平でおかしくない?」と思ってるのに、男子は「当たり前だ」と思って育ってるのが不思議ですね。
みー　でも男の人はやり出すとはまるから、実際にやり始めたらすごくやってくれるってこともありますね。ときどき妙なハマり方して面倒くさいことも。毎日のご飯や家事にこだわりとか凝り性とかもち込まれると困ります。台所道具をいっぱいそろえて、魚をまるのまま買っておろし始めたり。うろこ取りとか出刃包丁を買って散らかし放題。作った後の台所がカオスとかイヤですね。急にキムチをつけ始めたときは「う!」と思いました。家中キムチのにおいになるし。そば打ちはじめたり。
けん　オレも今、そば打ちたいと思ってるんだよね。道具からそろえて。男って形から入りたいの。
わか　皿洗いとかあと片付けは?
けん　しない…。そのまま流しに置いておく。
わか　それがイヤ。普段使わない道具を奥の方から出したら、洗ってすぐにしまってほしいんですよね。
けん　僕はしますけど、やり方が粗いみたいで、後から洗い直されたりするんですよね。
りえ　どうせやらないなら、ときどき頼んだことを嫌がらずにパーフェクトにやってくれたらいいですよね。週末、まとめ買いするときに、荷物持ちしてくれるとか。
わか　買い物する男性増えましたよね。スーパーで、男性一人で買い物をしている人をよく見ます。男性陣は「今日の夕飯買ってきて」って言われて、買ってこられるんですか?
けん　できるよ、それぐらい。
わか　言われたものを買ってくるだけじゃなくて?それはおつかいだから。子どもでもできる。冷蔵庫の中にいつもあるものは何で、今は何が足りてないとか、考えてはいないですよね?
りえ　けっこう変なもの買ってきたりしますね。それを注意したら、買い物先から頻繁に写メを送ってくる。「頼まれたチーズ、二つあるんだけど、どっち?」とか。
こう　オレンジと間違えてネーブル買って怒られたりとか、ありますね。
わか　牛乳をお願いしているの

夫の不満 TOP 3

1. **整理整頓ができない(17.4%)**
2. 気が利かない(13.3%)
3. 体形が変わってきたところ(10.2%)

(2018年明治安田生命「いい夫婦の日アンケート」より)

ビタミンママの考察

上記調査では、男性の不満も妻の不満と同じ項目が並びます。同じ調査で、「特に不満はない」と答えた割合は、夫45.7%に対し、妻は24%。総じて妻側の不満の高さがうかがえますが、男性側に本当に不満はないのでしょうか。ビタミンママの調査では、「妻に間違いがあっても認めて謝ろうとしない」「言うことがころころ変わり、それを指摘すると怒る」など、夫側は気まぐれでかたくなな妻の態度や言葉に不満があるようですが、果たして…。

に、調整乳を買ってきたりとかね。いつも冷蔵庫に入ってるんだから、間違えずに買ってきてほしいよね。

よし　それはワナが多いよ。

夫の家事は、「お手伝い」という感覚があるのが、妻の不満につながるのかも？自分のやるべきことという認識がないのが腹立たしいですね。

よし　仕事してるからねぇ。子育てが忙しいころは奥さんも仕事してなかったし。

わか　奥様が専業主婦で、不満がなくて、うまく回ってるならいいと思います。でも、パートでもなんでも、仕事をしていたら、家事全部奥さんの仕事ってことにはならないですよね。特に子育ては。

Q　お子さんの保育園や幼稚園に、お迎えに行ったことはありますか？

男性陣　ないですね。そんな時間に帰れないし。

わか　奥さんはそれに対して不満はないんですか？

よし　いやー、不満に思ってる！それはわかってるんです。

こう　でもやってできないと、それにもイライラされるから。

わか　家事・育児が自分にはできてないという自覚をもちつつ、ときどき手伝ってくれるんだったら許せます。でも、ちょっとやったぐらいで、イクメンとか言い始めると腹が立つ。

りえ　子どもがいると、奥さんは「今日夜出かけていい？」と旦那さんにお願いして、子どもの世話の算段をしてからじゃないと出かけられないんですよね。旦那さんは「今日飲みに行く」のひと言で勝手に行ける。そのあたりも不公平感がある。

けん　家事の割合で言えば、昔は10：0だったものが、だんだん9：1になり、8：2になって、今の時代はどれぐらいになってるんだろうね？今過渡期だから、きっと、だんだん変わっていくんだよ。

わか　奥さんが先に亡くなったら生きていけるんですか？

けん　Uberだな。それか後妻か…（笑）。

出席した男性陣の価値観は、まだまだ昭和。家事分担のいびつさは自覚しつつも、それを当たり前と思う気持ちも少なからずあるようです。

夫婦の会話のはなし

Q　妻の話をちゃんと聞いてますか？

よし　すごく聞いてます。それは自信がある。何かやってて忙しいときは無理だけど、ちゃんと聞いてますよ。

みー　うちの旦那はせっかちだから、私の話が聞いていられないみたい。「簡潔にまとめてラインして」って言われる……。まだ話してる途中にいなくなることもあるんです。

りえ　えー、ひどいね。

みー　でも、私もその方がいい。家の中にいてもラインで会話してます。短くまとめられるし、子どもが5人いるので、会話のほとんどは子どもの習い事や送迎の段取り、スケジュールの確認なので。

わか　うちもそうかも。雑談は「ふーん」って聞いてるけど、子どもの体調のこととか大切な話をしてるのに「ふーん」って言われたら「は?」ってなりますね。

よし　こっちが忙しくしてるときも、ちょこちょこ話しかけてくると、ちょっとね。

りえ　忙しいっていうか、ゲームしてたり、テレビ見てたりすると腹立ちますね。

わか　私は夫に「私はあなたの部下じゃない」って言ったことある。理屈っぽくまくしたてて、なんか改善策を出せみたいなことになるから。

みー　うちは会話とかじゃないから。ラインだから。

Q　客観的に見て、夫婦仲はいいと思いますか？

全員：悪くはないと思う。

みー　仲が悪いっていうか、事務的なこと以外あんまり話さないから。夜遅くに帰ってきて、翌日のお弁当に使おうと思ってた具材を勝手に使われたら腹立つけど。

わか　そうそう、仕込んでおいた卵焼きを食べられたらがっかりする。

こう　冷蔵庫の中のものなんて、勝手に食べたら激ギレされるから食べられないですよ。家では飲ませていただけないし。

よし　奥さんとは晩酌しないの？

こう　しない、しない。家の近くのコンビニで缶ビール飲んで帰りますよ。

りえ　切ないですね……。奥さんは、旦那さんが実はいろいろ気を遣ったり、遠慮したりしてるつもりなのを意外に知らないのかも。

こう　いやぁ。そういうことをしてるのも、あてつけがましくてむかつくんですよ、多分。

お互いの不満のはなし

Q　奥さんへの不満はありますか？

けん　不満？ んー、なくはないけど、子どもを中心に考えると、子どものお母さんだから大事っていうのがある。家族としては、俺よりもお母さんの方が大事だからね。

こう　不満はないですよ。別に満足もしてないけど、不満もない。

よし　子どもがお母さんを好きだからね。お母さんはなくせないでしょ。

みー　子どもが「ママ、ママ」っていうからね。旦那が「ママ」って呼ぶと「あなたのママじゃない」って言いたくなるけど。

りえ　子どもにとってはママだから、それは当たり前なんですけど。夫に子どもと同じように手がかかるとムカつきますけどね。あなたそっち側じゃないから、みたいな。

Q　奥さんのことをなんて呼んでいますか？

わか　子どもがいるときは「ママ」って言うけど、二人のときは名前。

よし　「お母さん」って呼ぶ。

けん　二人だったら名前を呼ばなくても、話しかけたら、奥さんに話しかけてるはずだから必要ないでしょ？

りえ　二人だけのときにまで「ママ」って呼ばれると、だんだん自分のアイデンティティが「ママ」とか「妻」だけになる気がしてイヤなときはある。「○○さんの奥さん」とか「○○ちゃんのママ」と呼ばれるばっかりで。仕事していれば別ですけど。

将来のはなし

Q　男性側（夫）から具体的な不満がなかなか出てきませんが、ないんですか？

こう　本音を言えば、オレの稼ぎでメシ食ってんだろう、と腹立つこともあるんですよ。でも、思い返してそれを下支えしてるのは奥さんだと反省する。

よし　平日仕事をして、休日に皿洗えって言われると「うーん」と思うけど……。

けん　出さない方が平和だなと思う。言ったところで変わらないし。

りえ　奥さんは、旦那さんにイヤなことを言われたら怒るでしょ。旦那さんは、奥さんにいろいろ言われても怒らないんですか？

よし　怒るってことはないねぇ。あとが怖いもん。奥さんのすることに文句は言わない。

けん　男が怒るとか、洒落にならないでしょ？ 力も強いし、声もでかいし。我慢する方がお互いのためにいいんですよ。

Q　子どもが独立したあとの二人の生活はイメージできていますか？

みー　うちは円満別居でいいや。子どもがいないなら一緒には住めない。

わか　うちも円満別居でいいかも。

けん　二人かー。二人だけは無理だな。俺は実家のある田舎に帰ろうかな。

りえ　奥さんもついてきてくれるんですか？

けん　ついてこないな…。

こう　追い出されそう。

わか　おばあちゃんの一人暮らしは意外に成り立つんですよ。コミュニケーション力もあるから生きていける。おじいちゃんの一人暮らしは成り立たない。孤独死が待ってますよ。

けん　男が先に死んだほういいんだよ。結局女の方が強いんだから。俺一人になったら生きていけないかも。不満はあるけど、その不満と一人になることを天秤にかけたら、そんな不満はかすむかな。

わか　女は一人で生きていけるから不満を口に出せるのかも。生きていけない男の人は不満を口に出せないのかな。

けん　不満を不満だと思わないようにしてる。やっぱり、子どもはママを好きだし、ママがいないと子どもが悲しむっていうか。俺の不満と子どもの満足を天秤にかけたら、子どもの満足の方が大事だからね。

よし　奥さんに捨てられないようにしないと。

CHECK

もっと赤裸々に、セックスレス事情も含めビタミンママonlineで全文公開中！

座談会を終えて

女性陣の不満は終始具体的でとどまることがないですが、男性陣の具体的不満は、ついにあまり出てきませんでした。それでも、「なくはないけど、まあ別に…」「言わない方が平和だし」という口ぶりで、実際男性は、日々の不満はありつつも、黙って飲み込み、子どものために、家族のために、家庭円満をキープしようと努力しているのかもしれません。お互いの不満の在処、努力の跡を知って、ほんの少し歩み寄り、許せるようになることが家庭円満への近道なのかもしれません。「協力しているつもり」の夫に対し、「ぜんぜんできてない！」と憤る妻と、「自分が我慢すれば…」と黙る夫の姿が垣間見える座談会でした。

会話ができればきっと二人はうまくいく！

しあわせ夫婦のコミュニケーション術

夫婦の関係、うまくいっていますか？

家事や子育て、実家のこと、介護への不安など、理由は人それぞれでも、
多くの人が心のどこかにモヤモヤを抱えているのではないでしょうか。
そこで、どうすればこのモヤモヤが解決できるのか、
著書『不機嫌な妻 無関心な夫　うまくいっている夫婦の話し方』で、
世の妻の圧倒的共感を得た、作家で心理カウンセラー、コミュニケーションの
プロフェッショナルである五百田達成さんにお話をうかがいました。

うまくいく夫婦はこの3タイプ。あなたはどのタイプ？

二人の関係は、お互いの性格や人生のタイミングによっても変わります。あなたはどのタイプですか？

恋人タイプ

お互いが好き同士のラブラブ夫婦で、独身時代のような恋愛感情でうまくいっている夫婦。

戦友タイプ

価値観が合っている者同士のバリバリ夫婦で、一緒に家庭を切り盛りしていく戦友のような夫婦。

同居人タイプ

一緒にいてラクな相手だから結婚しているイマドキ夫婦で、シェアハウスの同居人のような距離感。

20歳代
一緒にいるだけで幸せなラブラブ期

30歳代
出産、育児、家の購入など、一緒に人生の課題を解決していく共闘期

40歳代

50歳代

60歳代～
長い時間を経て、空気のような存在になりつつも、パートナーとしてともに生きる共存期

※出典：『不機嫌な妻　無関心な夫　うまくいっている夫婦の話し方』

夫はたいてい「無関心」そう思えば気がラクになります

私はこれまで多くの夫婦や家族のリアルなお話を聞いてきました。40～70代で特に多いのは、「コロナ禍で在宅ワークが増え、夫婦で一緒に家にいる時間が増えて気づまり」とか、「子どもたちが自立して、夫の定年後に夫婦二人だけの生活になったらどうしよう」といったお悩みです。そして、それはほとんどの場合、妻側から出る不安や不満なんです。一般的に、女性は家庭をとても大切に思っているので、ギスギスした雰囲気を嫌がります。でも実は、危機意識をもっているのは妻側だけで、夫側はたいていなんとも思っていません。無関心なんです。それほど会話がなくても、めったに二人で出かけるようなことがなくても、それを気づまりだとか、居心地が悪いとは感じていません。むしろ、「今まで何十年間、なんとなくこんな感じで暮らしてきたのだから、これからもこんなものだろう」と、今の日常が未来永劫続く、と思っているはずです。

まずは大前提として、そのくらい夫婦には大きな温度差があるというのを、妻側が知っておくこと。「夫も自分と同じように何か不満があって、モヤモヤしているのかな？」と思うから気になるのであって、「夫は関心がない」と分かれば、それだけで多少は気がラクになりませんか？

夫婦は家族ではなく他人です話し合いが何より大切

とはいえ、人生100年時代ですから、この先まだ何十年、ただなんとなく一緒にいるというのは結構つらいものですよね。80歳、100歳になったときに幸せな気持ちで暮らすために現状を変えたいのであれば、「あらためて結婚し直す」くらいの気持ちが必要です。

そこで大事なのが、まず、「相手を家族ではなく、他人だと思うこと」。家族だと思うから甘えが出るわけで、他人であれば気遣いがあるはずです。たとえば、「コーヒー飲む？」「いらない」。こんなやりとりをしていませんか？これが、コーヒーをすすめてくれたのが親しい知人だったらどうでしょう。「今は大丈夫。ありがとう」くらいの返答はしますよね。家族だから、ぶっきらぼうな返事をしたとしてもスルーしてくれるだろう、

五百田 達成さん（いおた たつなり）

Profile

心理カウンセラー。米国CCE,Inc.認定GCDFキャリアカウンセラー。専門分野は、「コミュニケーション心理」、「社会変化と男女関係」、「SNSと人づきあい」、「ことばと伝え方」。個人のカウンセリング、セミナー、講演、執筆などの活動を行っている。

『不機嫌な妻　無関心な夫　うまくいっている夫婦の話し方』

五百田 達成 著
ディスカヴァー・トゥエンティワン

夫婦のすれ違いの原因をすっきり解説、五百田さんのベストセラー著書。家庭のイライラ、モヤモヤを解決したい方におすすめ、今すぐ使えるヒントが満載の一冊です。

多少のわがままは聞いてくれるはずだ、と思ってしまう。ですから、まず「夫婦は他人」、そう認識することが必要です。

ただ、基本的に「夫は無関心」ですから、何も言わずにこれを「察して」と思うのは無理です。何より大切なのは、話し合うこと。妻が将来の生活に不安を感じているのだとしたら、「このままでは私は今後が不安です」と伝え、それについてどう解決するのかを話し合いましょう。これを話せる夫婦はうまくいくはずです。

結婚は起業と同じ 目指す方向性を決める

「結婚し直す」のですから、まずは、新しい家のルールを決めることからはじめましょう。その際に考えてほしいのが、冒頭で挙げた「うまくいっている夫婦の3タイプ」（右図）のどれでいくか、ということです。つき合っていた頃のように、愛があれば何とでもなるという「恋人タイプ」に戻るのは理想論すぎるかもしれません。「戦友タイプ」はありだと思います。住み替えや山登りといった何か目的を同じくするプロジェクト、趣味があれば、そこに向かって自然と会話も増えていきます。そして、熟年夫婦にとって一番目指しやすいのは「同居人タイプ」かもしれません。お互いが自立して、それぞれの趣味や時間にあまり干渉しない。ただ、生活する上でのルールは決めていく。このスタイルはイマドキの若い人に多いのですが、熟年夫婦にも大いにメリットがあると思います。

私は、結婚は「起業」だと考えています。親会社（それぞれの両親）があって、そこから2人が自立して新しい会社を立ち上げる。夫が社長、妻が副社長ではありません。あくまでも対等な立場、共同CEOとして起業する。親会社（双方の実家）が違うのだから、出身、社風、目的、日々の運営方法など、すべてが違うはずです。それをうまく回るようにするためには話し合いが大事です。

唐突に、「ちょっと話があるからここに座って」と妻から夫に言ったとしましょう。おそらく、夫は、「すわ、熟年離婚か!?」とビックリします。これは得策ではありません。たとえば二人でカフェなどに散歩に出かけ、お茶を飲みながら何気なく切り出してみる。「あと残り何十年の人生プランについてのご提案」として、今後は「同居人タイプ」として平日はそれぞれ好きに過ごす、お昼ご飯は自力で何とかする（黙っていても出てくると期待されても困る）、土日だけは夫婦の時間を大切にする……といったプレゼンをする。仕事でそうしたプレゼンに慣れている夫は、むしろビジネスのような打ち合わせスタイルで話をしたほうが聞く耳をもってくれるかもしれません。とにかく、大事なのは話をすること、話し方を工夫して相手に届くようにすることです。

変化するのが当たり前の「価値観」にとらわれないこと

よく、「価値観が同じ人と結婚したほうがいい」といわれますが、私はそうは思いません。それよりも「話せる人と結婚しましょう」と声を大にして言いたいです。年を重ね、ライフステージが変わるにつれ、価値観も変わります。そこでずれが生じたときにどうなるか。たとえば、若いころは通勤の便利さを求めて都内のマンション暮らしだった夫婦が定年を間近に控え、片方は「田舎に住んでのんびり暮らしたい」、もう一方は「便利な都会のままがいい」となったとしましょう。どちらかの意見を優先するのか、間を選択して平日は別居、週末だけともに過ごすという方法を取るのか。話し合った結果、お互いが納得する結果が出せればハッピーですよね。価値観が同じ人と一緒になったはずだと信じてあぐらをかいてきた夫婦は、話すこともせずそっぽを向くか怒鳴り合うかで、まったく別の道を歩むことになってしまうかもしれません。

さらに、価値観は時代とともに変化します。昭和の時代は、「亭主関白」が当たり前でした。平成は、「男はおだててうまく使ってなんぼ」。令和の今は、「平等なパートナーシップ」が求められます。もし現状に不満があって夫婦の関係を変えたいのであれば、まずは自分の考え方、視野、価値観を変えてみること。現代の多様性に富んだ価値観のなかから、自分たちにできることを考え、ちょっと先に見える夫婦二人だけの生活をリスタートしてみませんか？「話せる夫婦」ならきっと大丈夫。お互いのほんの少しの努力で明るい未来が待っているはずです。

おいしいディナーデート

夫婦の会話をはずませる

たまには夫婦水いらずで、ちょっと優雅なディナーはいかがでしょうか。
夜景が料理の味を一層引き立ててくれる。
ミシュラン1つ星のイタリアン。
築地直送の新鮮なお寿司をはじめとした海鮮を味わえる。
異国情緒あふれる港の風景を楽しむディナークルーズも。
ここでは二人の時間を楽しむにふさわしいお店をピックアップしました。

写真提供＝トップオブヨコハマ

夫婦の会話がはずむ夜
おいしいディナーデート

伊勢海老の半身にマヨネーズソースとオーロラソースをふんだんにかけて焼き上げた「伊勢海老の中納言焼」。プリッとした伊勢海老の食感と2種のソースが絶妙な、中納言を象徴するひと皿です

こちらは東京大森ベルポート店限定の贅沢ランチコース。活作りや二色焼、お吸い物に加え、牛フィレ肉の石板焼き、または伊勢海老のステーキが選べます

2尾強もの伊勢海老を使用した招福コース。活造りや甲羅揚、中納言焼など、中納言を代表するオールスターがそろうコースです

活 伊勢海老料理 中納言

東京大森ベルポート店

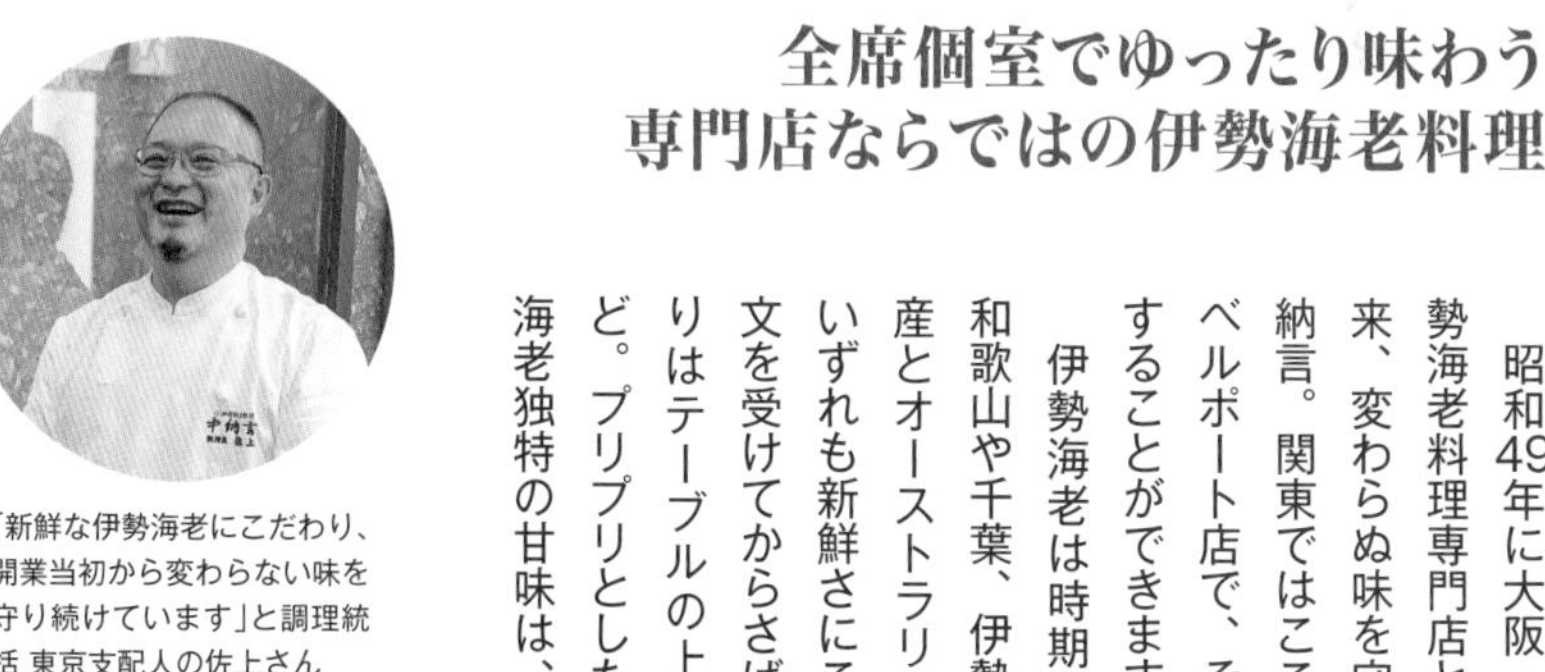

全席個室でゆったり味わう 専門店ならではの伊勢海老料理

昭和49年に大阪・梅田で活伊勢海老料理専門店として開業以来、変わらぬ味を守り続ける中納言。関東ではここ、東京大森ベルポート店で、その味を堪能することができます。

伊勢海老は時期に合わせて、和歌山や千葉、伊勢、徳島の国産とオーストラリア産を使用。いずれも新鮮さにこだわり、注文を受けてからさばかれる活造りはテーブルの上でも動くほど。プリプリとした食感と伊勢海老独特の甘味は、年齢層を問わず、幅広いお客さんの舌を唸らせます。

おすすめは「招福コース」。特製ドレッシングと自家製タルタルソースで伊勢海老と野菜を味わう「伊勢海老のサラダ、中納言風」から始まり、活造り、甲羅揚、お吸い物、中納言焼、そして海苔茶漬けと、1人前でおよそ2尾強の伊勢海老が使われており、堪能できるコースです。席はすべて個室になっており、夫婦二人でゆったり、伊勢海老料理を楽しめます。

JR京浜東北線・大森駅から徒歩5分。ショップやレストラン、イベントスペースなどの複合施設、大森ベルポートの2階にあります。全90席すべて個室をご用意

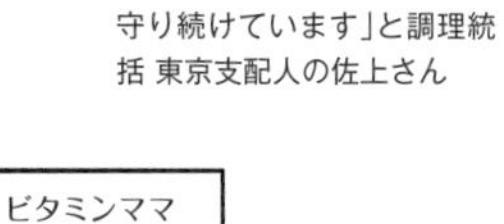

「新鮮な伊勢海老にこだわり、開業当初から変わらない味を守り続けています」と調理統括 東京支配人の佐上さん

DATA

ビタミンママonlineでもっと詳しく!

住所 東京都品川区南大井6-26-2 大森ベルポートB館2F
電話番号 03-5471-4678
営業時間 11:00〜22:30(L.O.21:30)／年中無休(12/31〜1/3を除く)
予約 電話またはウェブにて
その他の店舗 大阪駅前第3ビル店・大阪千日前味楽館・神戸三宮本店・神戸ハーバーランド店

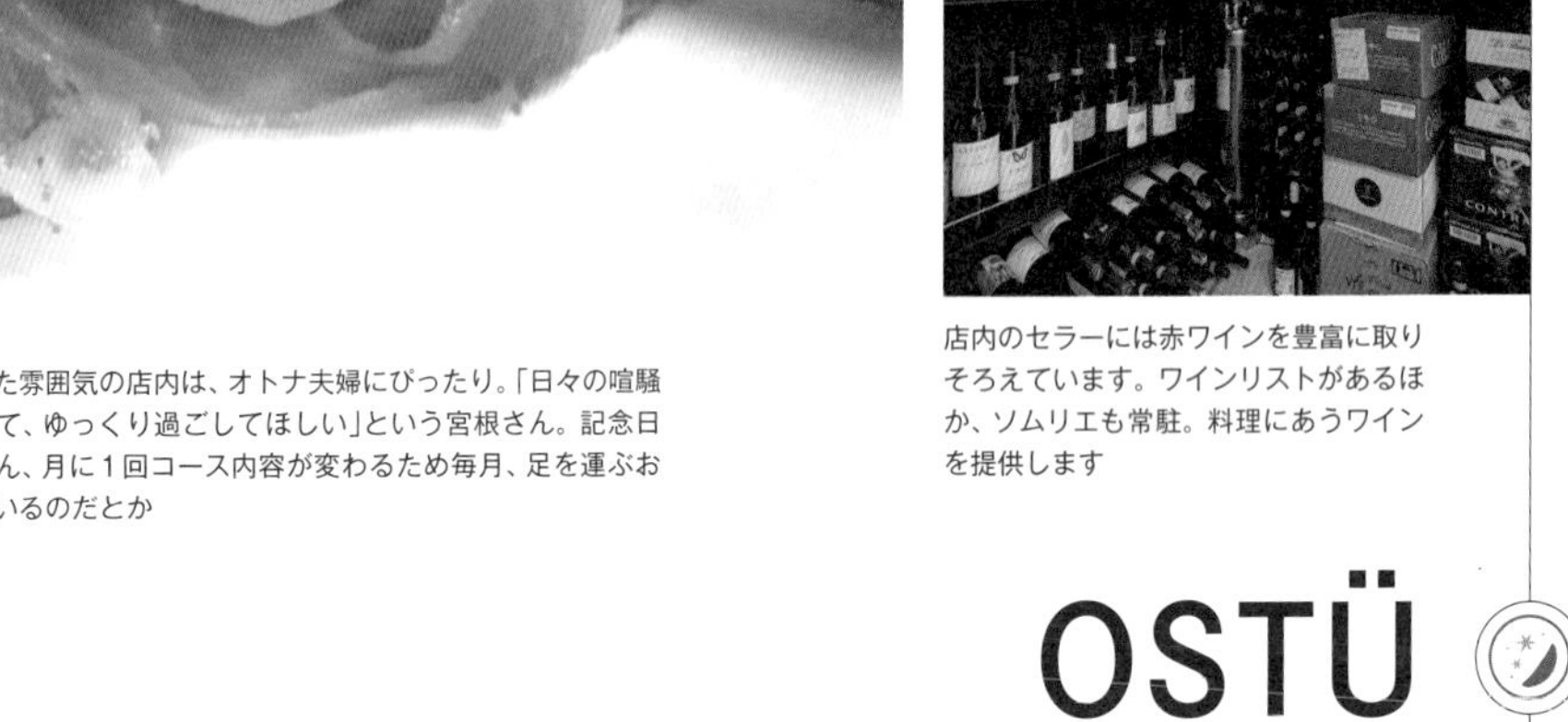

夫婦の会話がはずむ夜
おいしいディナーデート

ズッキーニには雄花と雌花があり、実がつくのは雌花のほう。こちらは雌花を使った花ズッキーニにチーズなどを詰めて揚げたもの。旬は梅雨ごろので、オストゥでも人気のメニュー

店内のセラーには赤ワインを豊富に取りそろえています。ワインリストがあるほか、ソムリエも常駐。料理にあうワインを提供します

落ち着いた雰囲気の店内は、オトナ夫婦にぴったり。「日々の喧騒から離れて、ゆっくり過ごしてほしい」という宮根さん。記念日はもちろん、月に1回コース内容が変わるため毎月、足を運ぶお客さんもいるのだとか

OSTÜ
オストゥ

北イタリアの本場の味をそのままに 厳選したワインとともに楽しめる

イタリア北部のピエモンテ州バローロ村で6年間、修行を積んできたというオーナーシェフの宮根正人さん。できるだけ本場の味を届けたいという思いから、現地から食材を仕入れて調理し、提供しています。

料理は全7皿のコースのほかアラカルトも取り揃えており、厳選されたワインと一緒に味わうことができます。コースは毎月メニューが変わり、大人にはちょうどいい量で仕上げているそう。最後にコーヒーとお菓子まで味わうのが北イタリア流で、格式に則って提供しているところもこだわりです。

店名の「オストゥ」はピエモンテ州の方言、「オステリア（食堂）」に由来しています。イタリア料理と聞くと格式の高さを感じるかもしれませんが、「バローロ村にある、気の利いた食堂を再現しました。北イタリアの郷土料理をお楽しみください」と宮根さん。どこか落ち着く静かな雰囲気のなか、夫婦二人で贅沢な時間を過ごせます。

コースのほか、前菜、パスタ、メインをアラカルトからオーダーすることも可能。北イタリアの郷土料理と厳選された赤ワインで、優雅なひとときを過ごしてみては？

オーナーシェフの宮根正人さん。イタリアで修行を積んだ実力は、ミシュランの星を獲得していることが何よりの証

DATA

ビタミンママ onlineでもっと詳しく!

住所 東京都渋谷区代々木5-67-6 代々木松浦ビル1F
電話番号 03-5454-8700
営業時間 12:00〜14:30(L.O.13:00)
土日月・祝のみ／ディナー18:00〜23:00(L.O.21:00)
水、木曜日定休
予約 電話またはウェブにて

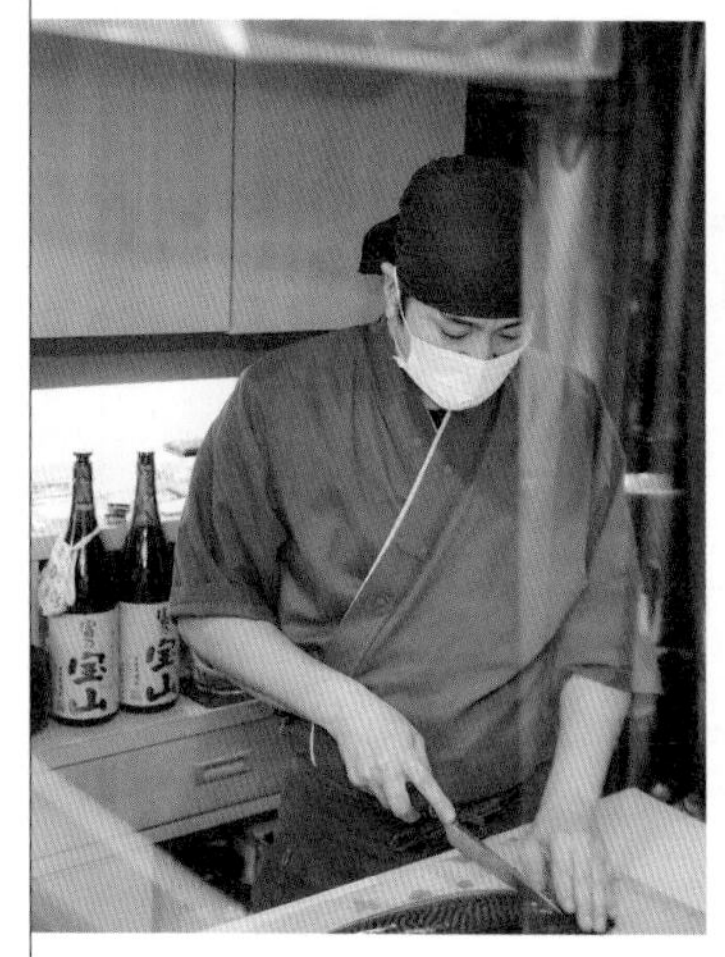

何度か足を運ぶと、お客様の顔や名前はもちろん、お好みも覚えるという板前の戸野さん。気さくで話しやすく、今何がおいしいかなどお気軽に、と話します

刺身の盛り合わせやにぎりの盛り合わせに加えて、焼き物(真鯛の兜焼き)、煮物(金目鯛の煮付け)、茶碗蒸し、椀もの、デザートなど、全9皿からなる記念日コース。シャンパンはお店からのプレゼント。築地直送の海鮮を堪能できます(魚介類は仕入れ状況により異なります)

個室は2部屋。畳と掘りごたつの落ち着いた雰囲気で、夫婦での利用はもちろん、家族での食事にも最適です。またグループで利用できるソファー席の広い個室もあるなど、さまざま用途で利用できるのもうれしい

Sushi & Bar 琴

女将自ら釣った魚が味わえる!?
ゆっくりお酒を楽しめるバーも併設

六本木駅5番出口目の前にあるビルの5階にひっそり佇むお店には、和のカウンターと洋のカウンターがあり、板前さんが腕をふるう寿司を始めとした魚料理や、100種類を超えるお酒を楽しむなど、目的に応じた時間を過ごせます。

多くのお客さんの目的は寿司。毎朝、豊洲市場から仕入れる旬の魚を、にぎりをはじめ、焼き物や煮物で味わえます。特長的なのは釣りが趣味という女将が自ら釣った魚を味わえる点。今年2月に日立沖で釣ったという丸々としたタチウオは非常に脂が乗っており、炙りや塩焼きでお客さんに提供したところこれが好評で、「琴のタチウオはうまい」と評判になったそう。「釣りたてを食べられるのは釣り人の特権。そのスペシャルをお客様にも、との思いで釣りに行っています」と女将の竹下深雪さん。

店内には座敷の個室もあり、夫婦二人の特別な日をゆったり過ごすこともできます。

茨城県日立沖で手にしたタチウオは、塩焼きや炙り、にぎりで提供したところ大好評だったそう。女将さんのブログ「アングラーが寿司屋を救う」もぜひご覧ください

時間があれば東京湾を主戦場に釣りに行くという女将の竹下深雪さん。今の目標はブリを釣って仕入れることだそう

DATA

ビタミンママonlineでもっと詳しく!

住所 東京都港区六本木3-11-10　ココ六本木ビル5F
電話番号 03-3796-1233
営業時間 お食事18:00～3:00・バー20:00～5:00／土日祝日定休(ケータリング、貸切の営業のみ。要事前予約)
予約 電話にて

トップ オブ ヨコハマ
鉄板焼＆ダイニング

横浜の夜景と極上の近江牛
特別な日を彩る絶景レストラン

新横浜プリンスホテルの41階にあり、約140mの高さから横浜やみなとみらいの夜景がパノラマビューで楽しめます。

店内は鉄板焼カウンターとダイニングに分かれており、ダイニングでは和牛のグリルをメインとしたモダンなフレンチのフルコースが堪能できます。

なかでも人気なのは、日本三大和牛のひとつ、近江牛を使用したコースです。「脂と赤身のバランスを考えるとグリルに最適なのはA4ランク」と北原シェフ自ら素材を厳選。しかも、柔らかなロースの芯の部分のみを使うというこだわりよう。コースはアミューズからデザートまで全6品。主役の近江牛を引き立たせるため、季節の野菜をふんだんに使用してあえて軽やかな構成に。

席はゆったりと配置され、居心地の良さから家族の記念日のたびに訪れる近隣の方々も多いとか。「お客様の特別な1日が素敵な思い出になるよう、心を込めておもてなしいたします」。

「近江牛コース」のデザート。バニラアイスとベリーのシャーベットに季節のフルーツをたっぷり添えて。豪華なデザートが楽しめるのもフレンチの醍醐味

「お客さまの笑顔が何よりの宝物です」と北原和則シェフ。常に食材と真剣に向き合い、丁寧に料理を作り上げます

DATA

ビタミンママonlineでもっと詳しく!

住所 横浜市港北区新横浜3-4 41F
電話番号 045-471-1115
(レストラン予約係 10:00～18:00)
営業時間 ランチ11:30～15:00 (L.O. 14:30)
※土・休日のみ
ディナー17:00～21:30
(L.O. 21:00 コースは20:30)
予約 電話またはウェブにて

円筒形の建物のため席によって見える景色が変わります。日没の遅い夏場は夕日と夜景を両方、晴れた日の日中は富士山も臨めるなど、この眺望も料理の味わいを一層引き立てます

「近江牛のグリル」はどこを食べても柔らかく、肉のうま味がしっかり感じられます。「近江牛コース」はこのほかにアミューズ、前菜、魚料理、お口直しのサラダ、デザート、パン、コーヒーがついて15,000円(税込み・サービス料別)

この日の「近江牛コース」の前菜は「帆立貝とエビと茸のテリーヌ　菜園仕立て」。魚料理は「平目のヴィエノワーズ」。※料理の内容はシーズンごとに変わります

夫婦の会話がはずむ夜
おいしいディナーデート

ロイヤルウイング

窓の外に移りゆく横浜港の景色と本格的中国料理を楽しむひととき

大さん橋から出航し、横浜港や横浜ベイブリッジ、そしてその表情を毎日変える富士山などの景色とともに、上海出身の料理長による本格的な中国料理を楽しめるロイヤルウイング。1時間50分のクルージングという非日常空間で、優雅なひとときを過ごせます。

ディナークルーズでは6種のコースとバイキングから選べます。ちがさき牛やはまぽーくの銘柄肉、湘南産のしらすやタコなどの海鮮に加え、料理長が信頼を寄せる農家さんから仕入れた新鮮な野菜を、船内で調理しています。「とれたての野菜は本当においしい。直接仕入れているので、朝採れ野菜をその日のうちに提供することも可能です」と、料理長の雲井遠東さん。

おすすめは「かながわブランドコース」。前述した神奈川県産の食材を使用したコースで、前菜、スープ、肉料理、魚料理、ご飯ものにデザートまで全6皿。夫婦の特別な日に、訪れてみてはいかがでしょうか。

上海出身の料理長が、仕入れ状況に応じて「お客様に食べていただきたいもの」を提供する「料理長おまかせコース」。素材の味を引き立てる中国料理は絶品

料理長の雲井遠東さんは料理人歴40年のベテラン。「乗船していただくご夫婦の思い出づくりをお手伝いします」

DATA

ビタミンママonlineでもっと詳しく!

住所 横浜市中区海岸通1-1-4 横浜港大さん橋国際客船ターミナル2F
電話番号 045-662-6125
営業時間 ランチクルーズ12:00～13:50／ティークルーズ14:45～16:15／ディナークルーズ17:00～18:50・19:30～21:20
予約 電話またはウェブにて

「かながわブランド」に登録された食材を使用した、全6皿のコース。料理は季節に合わせて年4回変わるため、旬の味を堪能できます。このほか、白湯スープで煮込んだフカヒレなど料理長こだわりの中国料理が並ぶ「料理長おまかせコース」も人気

天候や海況に応じて揺れが少ない航路を進むため、船酔いの心配も少なく料理を味わえます。冬の17時便、夏の19時半便は夕焼けと夜景の両方を楽しめます

船窓を移りゆく景色と一緒に食事を楽しめる席をご用意。二人でゆったり過ごしたい、という方は個室も選べます。季節に合わせた限定のプランも好評です

泊まれるレストランで
優雅なひとときを。

厳選 オーベルジュ

自然豊かな南房総の隠れ家で味わう 温もりあふれるフランスの家庭料理

地元漁港で水揚げされた新鮮な魚介類と、自家菜園や契約農家から仕入れた採れたての新鮮野菜。自然豊かな南房総の地元の食材をふんだんに使用した、まるでフランスの家庭料理のような「南房総フレンチ」を味わえるオーベルジュとして人気を集めるオーパヴィラージュ。豊かな自然が自慢の南房総国定公園にある敷地のなか、潮風が紡ぎ出すヤシの葉が擦れる音や鳥の声などをBGMに会話も弾み、ゆったりとした時間を過ごせます。

南フランスの地方にあるプティホテルをイメージした宿泊施設には、全5タイプのお部屋をご用意。スタンダードツインから、広々としたクイーンサイズのベッドがある、専用ジャグジーがあるなど、夫婦二人旅はもちろん、家族でのバカンスにも利用できるバリエーションも多くのお客さんに愛される理由。

また、予約不要で使用できる貸切風呂も人気。山梨のワイン蔵から取り寄せたワイン風呂や満天の星空を満喫できる露天風呂など、日々の疲れを癒やしてくれるお風呂も自慢です。

「南房総の自然にふれながら、日頃の喧騒から離れ、のんびりくつろげる時間を提供しています」と支配人の長田恵子さん。夏にはハート型のガーデンプールもあり、季節によって表情を変えることも魅力です。

シンプルでありながら、どこか落ち着くかわいさにこだわったインテリア。やさしい波音で目覚める朝は心も体も癒やしてくれます。写真はスタンダードツインルーム

地魚や朝採れの野菜など、南房総の旬を存分に味わえる「南房総フレンチ」の数々。フランス産や国産の厳選されたワインや地ビール、オリジナルカクテルが、料理の味を一層引き立てます

食事はレストラン カンバーニュで。落ち着いた雰囲気のなか、優雅なひとときを過ごせます。自家製パンが人気のブレックファストもあり

貸切でゆっくり湯に浸かれるお風呂もオーパヴィラージュの自慢のひとつ。ポリフェノールが肌に潤いを与えるワイン風呂（写真）や、海洋深層水を使った深層水風呂など6つのお風呂をご用意

data

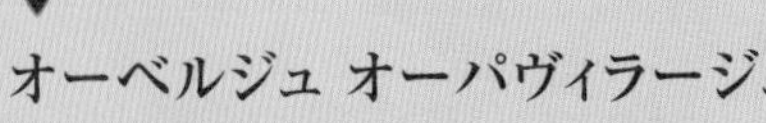

オーベルジュ オーパヴィラージュ

千葉県館山市犬石1687
0470-28-1000
https://opavillage.com

オーベルジュの発祥はフランスで、郊外にある宿泊施設を備えたレストランのこと。
その土地の旬の食材を使い、贅を極めた料理を味わい、そのまま宿泊できるとあって人気です。
宿泊施設には温泉を備えているところもあり、夫婦二人でゆったりと優雅な時間を過ごせます。
子どもたちへの手が離れたなら、料理を楽しむ小旅行に出掛けてみてはいかがでしょうか。

浅間山を眼前に望む非日常空間でフランス＆イタリア料理を堪能

日本有数のリゾート地、軽井沢に隣接する。北には浅間山がそびえる自然豊かな地で、旬の食材をふんだんに使用したシェフ渾身のフランス料理をフルコースで味わえます。

本館1階のクラシカルなメインダイニングをはじめ、御代田の景色を一望できる最上階のレストランなど、料理を味わうことに集中できる空間も特長。都会の喧騒を忘れさせる非日常の世界観も、こだわりの料理に花を添えます。

6万㎡を超える広大な敷地に、わずか37室というゆとりのある設計で、すべての客室にテラスと半露天風呂を完備。9棟あるヴィラにはベッドルームが2室あり、長期滞在や2世帯、3世帯の家族での利用にも最適。さらに本館の客室はテラス込みで100㎡以上あり、バラエティーに富んだ部屋タイプをそろえ、旅のスタイルに合わせて選べるところも人気の理由です。

「滞在時間のすべてを使ってひとつのフルコースを味わう究極の美食体験、"One Stay, One Full-Course"がコンセプトです」と総支配人の矢野洋介さん。ゆったりくつろげるラウンジや自然を満喫するトレッキングなど、ここでの体験のすべてが次の一皿をおいしく食べるために存在している、と言います。季節によって表情を変える景観も、信州ならではの魅力です。

本館5階の「ラ・ルミエール・クレール」は本格イタリア料理をいただけるレストラン。コース料理はもちろん、アラカルトも充実。写真は自家製手打ちパスタ

約80㎡もの広さを誇る、テラスつきのデラックスツイン。夫婦二人でゆったり過ごすにはぴったり。陽の光がたっぷり入る大きな窓からの眺望も、旅情を盛り立てます。半露天風呂の温泉も好評です

フランス料理は本館1階の「ル・グラン・リス」で。シックな色合いの落ち着いた雰囲気のなかでフルコースをゆっくり味わえます。写真はディナーのオマール・ブルー ソースシヴェ 白土馬鈴薯

夜になると暖炉に火が灯り、非日常空間を演出してくれるロビーラウンジ。夏は新緑、秋の紅葉など、季節によってさまざまな景観を楽しめます（※暖炉は季節によって火を灯さないこともあります）

Shop data

THE HIRAMATSU 軽井沢 御代田

長野県北佐久郡御代田町大字塩野375番地723
0267-31-5680（受付時間9:00～18:00）
https://www.hiramatsuhotels.com/miyota/

ビタミンママonlineでもっと詳しく!

泊まれるレストランで
優雅なひとときを。

厳選 オーベルジュ

湯河原の食材を使ったイタリアンと源泉かけ流しの湯で非日常を楽しむ

海と山に囲まれた湯河原の地元で仕入れた有機野菜や新鮮な魚介類を、化学調味料を一切使わず、素材本来の良さを生かし、和のエッセンスを加えた創作イタリアンのフルコースを堪能できるオーベルジュ湯楽。「イタリアンの豪快さと、和食の繊細さを融合させた、ここでしか味わえない料理を心ゆくまで楽しんでください」とシェフの松村進さん。ご自身も家族で湯楽に来たとき、ここの料理がとてもおいしく印象に残ったそう。これを機に料理人の道に進み、「お客様の心に残る料理を提供したい」という思いをもってシェフを務めていると言います。

湯河原といえば、源泉かけ流しの温泉があまりにも有名。ここ湯楽でも、毎分70リットルの自家源泉かけ流し本来の良さを損なうことなく使用。露天風呂や石風呂は貸切（40分間）で楽しめます。

客室は全18室をご用意。和室2部屋と洋室に専用の庭もある、「優雅」と表現するにふさわしい特別室をはじめ、リビングとベッドルームからなる洋室スイートルームなど、それぞれ趣のある客室が並びます。

都心からのアクセスも良く、週末には多くのお客さんで賑わいを見せるのもうなずけます。湯河原の温泉と創作イタリアンで、ゆったりとした週末を過ごしてみてはいかがでしょうか。

地元の提携農家から仕入れた有機野菜や、相模湾で獲れた新鮮な海鮮を使った料理は、どれも高い評価を得ています。季節に合わせて、旬の味がいただけます

1日100トンもの豊富な湯量を誇る自家源泉。写真は露天風呂。20畳ほどの広さがあり、貸し切りで楽しめます。春は桜、夏は深緑、秋の紅葉と、季節によって変わる景観が非日常空間を盛り立てます

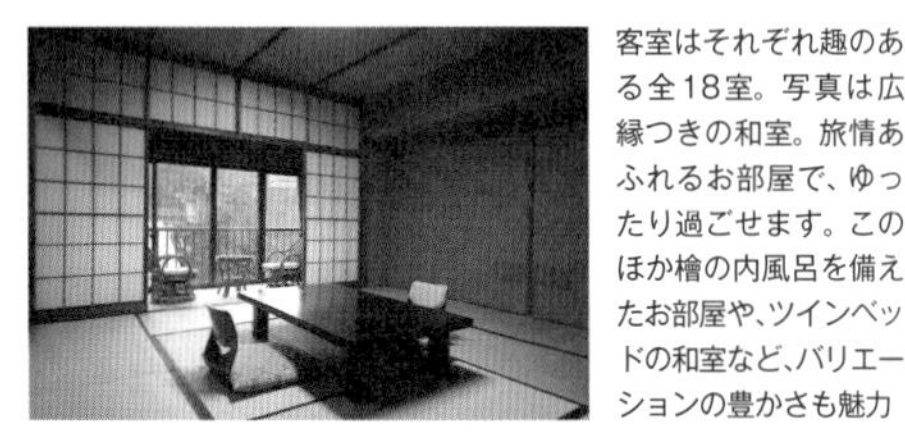

客室はそれぞれ趣のある全18室。写真は広縁つきの和室。旅情あふれるお部屋で、ゆったり過ごせます。このほか檜の内風呂を備えたお部屋や、ツインベッドの和室など、バリエーションの豊かさも魅力

湯河原にちなんだ貴重な書籍や旅のフォトブックなどを備えた「湯楽文庫」。食事や温泉の合間のひとときに、湯河原の地とふれあってほしいという思いで設けたそう。静かにくつろげる空間です

data

オーベルジュ湯楽

神奈川県足柄下郡湯河原町宮上528
0465-62-4126
https://www.yurac.jp

ビタミンママonlineでもっと詳しく!

英会話を通じて普段の会話が増え
レッスン後の時間も楽しくなる。
ISE英会話

夫婦で始める習い事

楽器演奏で刺激される探究心
夫婦ならではのアンサンブルも魅力
東京音楽学院

子育てが少し落ち着き、夫婦それぞれ、自分時間が増えてきた。
いつか二人で海外へ行くときのために英会話を。
健康のために心身ともに鍛えられる武道に。
二人でディナーを楽しむために、ワインの知識を。
共通の趣味として、ゴルフを始めてみようかな。
昔、夢中になっていた楽器をもう一度。
そんな大人夫婦が気になる習い事を集めました。

頭と体を使い、心も鍛える。
夫婦だから気兼ねなく鍛錬できる!
小見川道場

奥深いワインの世界を知れば知るほど
いつもの食卓がより一層刺激的に
キャプランワインアカデミー

一緒に長く続けられる生涯スポーツ
はじめるならインドア練習場で「基礎からしっかり」
Driving range GOLF JOY+

夫婦で始める習い事

ISE英会話

英会話

"英会話を通じて普段の会話が増えレッスン後の時間も楽しくなる。"

ビジネスシーンで使える英語力を身につけたい。
海外旅行で困らない程度の英会話力を持っておきたい。
しかし、一人ではなかなか継続のモチベーションが保てず
レッスンから自然と足が遠のく、そんな方も少なくありません。
そこでおすすめしたいのが、夫婦で通う英会話です。
二人で通うことでモチベーションの維持につながり、
レッスン後は買い物や食事へ行くきっかけにも！

写真左／学生時代に留学経験もあるという三村浩記さんと、大学時代に英語を専攻していたという加津恵さん。英語力維持のため、週1回のレッスンに通っています

写真左／三村さんご夫妻がアメリカを訪れたときの一枚。ISE英会話で培った英語力で海外旅行を満喫したそう。「シカゴ・カブス本拠地のリグレー・フィールドで野球観戦をしてきました。寒い日でしたが、地元民の熱い応援に囲まれ、試合の熱気はものすごかったです」

写真下／代表のティム先生をはじめ、語学教師の経験があり、教員資格やESL、TEFL、TESOL、CELTAなど、外国人に英語を教える資格を持つハイレベルなネイティブの講師がそろいます。まずはいろいろな講師のレッスンを受け、自分にあった先生をリクエストすることも可能です。

英語力の維持と向上 そして海外旅行で困らない 語学力を身につけるために

三村浩記さんと奥様の加津恵さんが通うのは、ビジネス英会話コース。生徒の苦手な部分を強化しながら英語脳に切り替えていく10分間のウォームアップから始まり、先生からの「この単語はどんな意味だと思う?」などの質問に答えるボキャブラリーテストや、スピーキング力の向上を目的にテキストを読むなど充実の50分です。

レッスンは夫婦と先生の3人で個室で行われ、旅行やTOEIC対策など、目的別に用意されたテキストやフラッシュカード、ときにはボードゲームなども使いながら進められます。

「毎回、宿題が出されてそのチェックも行われます。家で妻と練習するなど、ISE英会話に通い始めて、家庭での会話が増えました」と浩記さん。レッスン中の会話で奥様の「今週は部屋が散らかったままで片付けられず反省した」という思わぬ本音が聞けることも楽しいと言います。一方の加津恵さんは「あの料理がおいしかった、なんて、普段はなかなか聞けないことがレッスンで聞けるのはうれしいですね。レッスン後の買い物やランチも、ここに通う楽しみのひとつです」と言います。

「三村さんご夫妻は将来、海外に移住することが夢だそう。お二人とも語彙力が豊かで、今からレッスンを続ければ、外国でも何不自由ないコミュニケーションが取れるようになるでしょう」とティム先生。

毎回のレッスンは進捗状況が事細かに書かれて残され、講師が代わってもレッスン内容が重複することもありません。

共通の趣味として、自身の勉強として、英会話教室に通ってみてはいかがでしょうか。

写真上／World EnglishやLife、The Oxford Picture Dictionaryなど、目的に応じてさまざまなテキストを使い分けています。常に最新の情報を取り入れるため、毎年更新しているのもISE英会話の特長です。

写真上／まるで自宅にいるような雰囲気のなか、リラックスしてレッスンを受けてほしいという思いから、ティム先生のイギリスの実家をイメージした教室も特長です

ハイレベルなネイティブ講師と 目的に合わせたレッスンを

青葉台とたまプラーザにあるISE英会話は、今年で26周年。3歳～80代の生徒様が長く通われるスクールです。フランス語、スペイン語、ドイツ語、イタリア語中国語も人気です。無料体験レッスン実施中！

ISE英会話
代表
ティム・リー先生

横浜市青葉区美しが丘2-20-8
美しが丘第五住光ビル1F
☎045-901-1611

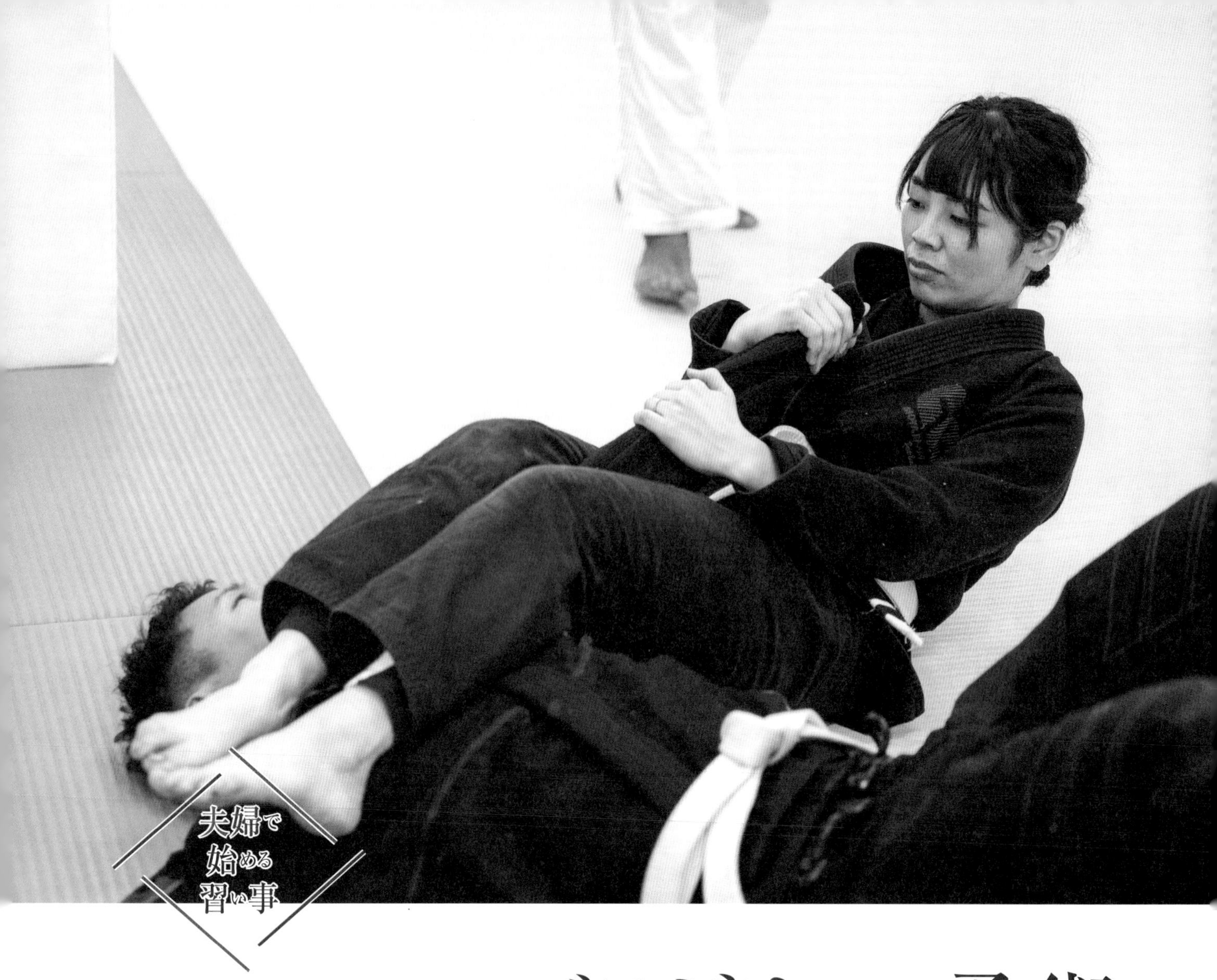

小見川道場

ブラジリアン柔術

“頭と体を使い、心も鍛える。夫婦だから気兼ねなく鍛錬できる!”

コロナ禍によるリモートワークで運動不足に。ジムやジョギングで体を動かすも孤独との戦いもありなかなか思うように続けられないという方も多いのでは?今回ご紹介する勝丸さんご夫妻も、運動不足解消のために小見川道場のブラジリアン柔術教室に通い始めたそう。夫婦で練習することはモチベーションの維持にもつながり、家庭でも技の研究に取り組んでいるのだとか。

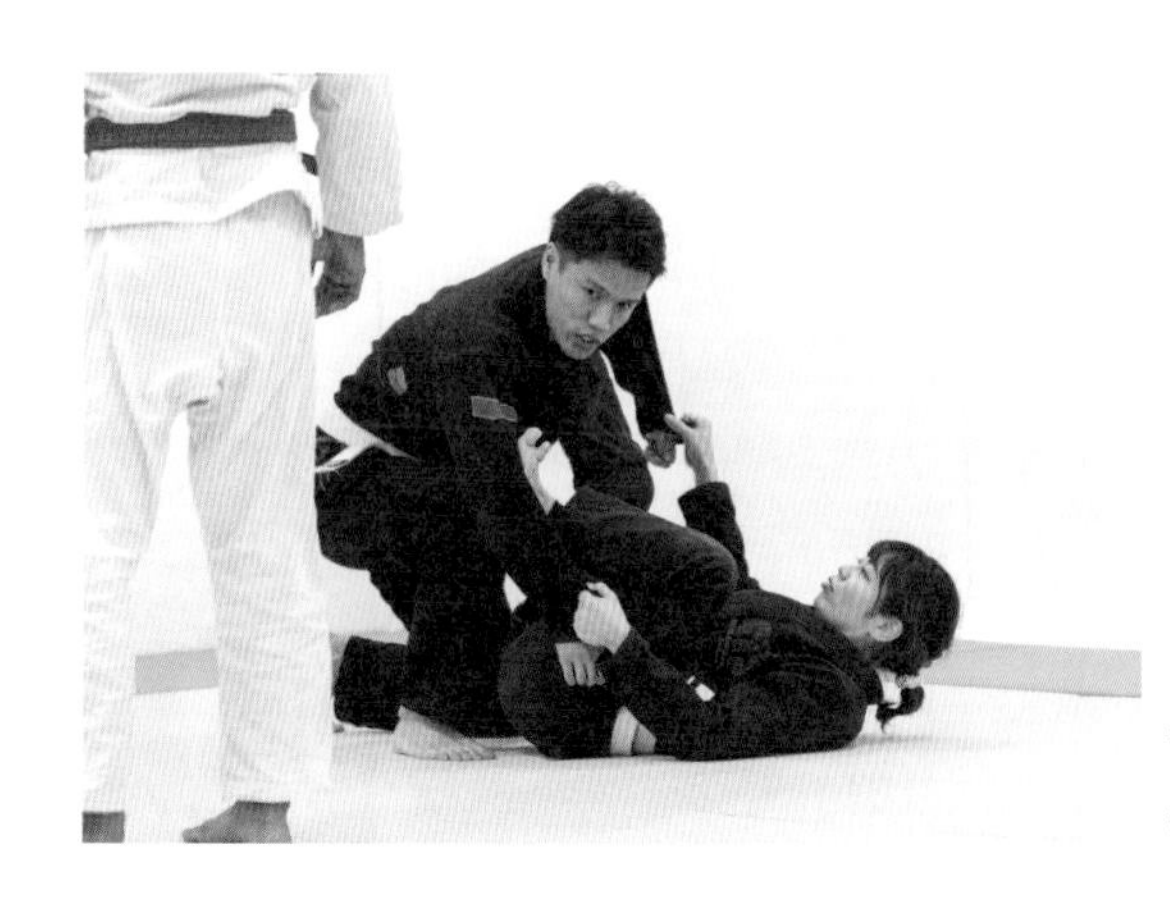

写真左／仰向けの状態で相手の足と腕をつかむスパイダーガードから、ポジションを入れ替えるスイープの練習。「夫婦での練習は気兼ねなく行えますね」と真樹さん

写真左／「技は複雑ですが、それがブラジリアン柔術の面白いところ。もっと知りたい、と探究心を刺激されます」と真樹さん。「頭を使い、体を使って自分をコントロールする。メンタルが強くなり、自信もつきますよ」とブラジリアン柔術クラスを担当するエリック先生。自然と筋力も鍛えられるので、女性のエクササイズとしてもおすすめだそう

写真下／代表の小見川道大さんをはじめ、ブラジリアン柔術クラスを担当するエリック・メネギンさん（写真）やイゴール・タナベさんなど、プロの世界で活躍する方々から「ホンモノ」の技術を学ぶことができるのも小見川道場の魅力。初心者にも丁寧に分かりやすく指導してくれます（小見川さんは2022年2月、惜しまれながら現役を引退）

夫婦で切磋琢磨できる 運動不足の解消と体力維持 ストレスの発散にも！

柔道の世界大会で数々の輝かしい成績を残し、プロの格闘家としても活躍してきた小見川道大さんが代表を務める「Neo Judo ACADEMY 小見川道場」。柔道クラスをはじめ、格闘技クラスやブラリジアン柔術クラスなど、あらゆる「武道」を学べる道場とあって人気です。

２０２２年３月から、ブラジリアン柔術クラスに通い始めたという勝丸さんご夫妻。きっかけは、ブラジリアン柔術クラスに通う小見川さんの奥様に誘われたから。「私は普段、ピラティスのインストラクターをしていて、小見川先生の奥様もインストラクター仲間なんです。そこで声をかけていただいて、まずは私から小見川道場に通い始めました」と奥様の暢子さん。その後リモートワークで運動不足がちなご主人も誘い、週２回、道場で汗を流しています。

「武道って痛いイメージがあったんですけど、通ってみるとそうでもない。先生はプロの柔術家なので手加減を知っているし、練習中は仕事のことも忘れてストレスの発散にもつながっています」とご主人の真樹さん。

練習は礼から始まり、準備運動のあと、実践的な技の基礎練習をみっちり。最後にスパーリングと充実の内容。ブラジリアン柔術は腕を取ったり、足を入れたり、腰を上げたりと技を極めるまでに複雑な動きを伴うため頭も使い、ときにはその動きについていけなくなることもあるそうですが、「先生は分かるまで教えてくださるので、置いてきぼりになる心配もありません」と暢子さん。「共通の趣味ができて、夫婦の会話も今まで以上に増えました。子どもたちも道場に通っていて、家族でハマっています」と口をそろえます。

写真上／練習の最初と最後は整列し、正座して礼が基本。ブラジリアン柔術クラスには小学生から大人まで、幅広い世代が一緒に汗を流しています。「道場全体が温かい雰囲気で、先生はもちろん、他の練習生の皆さんにも会いたくて道場に通っています」と暢子さん

写真上／小見川さんもブラジリアン柔術クラスでは練習生。奥様と一緒に練習に打ち込んでいます。「年齢制限はありません。まずは初回無料の体験に来てください」と小見川さん

ブラジリアン柔術と柔道のＷ受講も可能 希望に合わせて体を鍛えられる多彩なクラス

柔道、ブラジリアン柔術、総合格闘技のほか、パーソナルトレーニングやNEO JUDO EXERCISEなど、さまざまなクラスを開講しています。ブラジリアン柔術クラスと柔道クラスの両方を受ける場合は一律料金というお得なプランも！

Neo Judo ACADEMY
小見川道場
代表
小見川道大先生

横浜市青葉区つつじヶ丘1-12ベル青葉台1F
☎045-988-7010

キャプランワインアカデミー

WINE & SPIRIT EDUCATION TRUST

WSET® コース

“奥深いワインの世界を知れば知るほど いつもの食卓がより一層刺激的に”

写真左／パソナスクエア16階の東京青山教室。ソーシャルディスタンスやアクリル板の設置など、感染対策も徹底。このほか、名古屋と大阪にも教室があります

ロンドンに本部があり国際的なワインの資格として近年、人気を集めているWINE & SPIRIT EDUCATION TRUST(WSET)。世界各国におよそ800の認定校があり、キャプランワインアカデミーは日本最大の認定プロバイダーです。

ここで学んだ知識をビジネスで活かしたいという方や、趣味を極めるべくワインの世界を学びたいという方までさまざまな生徒さんが通っています。

写真左／座学でワインの特徴をじっくり学んだ後、テイスティングを行います。ここでは色や香りだけでなく、味については辛口、甘口に加えてアルコール度数、風味の強さ、後味、タンニンなど深く掘り下げます。香りも花や緑色果実、柑橘類、有核果実などさまざまなにおいが複合的に合わさっており、それら一つ一つを紐解いていきます

写真下／土曜日午前の東京Cクラスを担当する、オースタン紗知子先生。WSET認定レベル4ディプロマのほか、JSA認定ソムリエ・エクセレンス、DWG認定ドイツワイン上級ケナーの資格も有しています。オースタン先生のようなワインを知り尽くすスペシャリストの講義を受講できるのも魅力です

ワインの道は一日にしてならず 探究心を刺激される 専門家の講義に夢中になる

２００６年の開校以来、ワインが趣味、ワインを仕事にしているという方に「ワインの奥深さ」を伝えてきたキャプランワインアカデミー。世界70カ国以上、年間約11万人が学ぶ世界最大のワイン機関「WINE & SPIRIT EDUCATION TRUST（WSET）」の日本最大の認定プロバイダーとして、今なおたくさんの生徒が通っています。講師はWSET認定のディプロマ資格やソムリエの資格を保持する、いわばワインのプロフェッショナルがそろっていることも特長です。

WSETはレベル1から4（ディプロマ）まであり、それぞれにコンセプトが設けられています。1はこれからワインを楽しみたい初心者向け。2はラベルでワインの特徴がわかるレベルまで知識を深めます。3はより深掘りした内容で、なぜそのワインスタイルになるのかをぶどうが育つ環境や醸造から紐解いていきます。レベル4の講座は日本国内ではここだけで、ワインのプロフェッショナルとして活躍できる知識を習得します。

今回取材したレベル2の講座は、120分の講義を全8回受け、最後に認定試験を受験します。前半は主に座学。テキストに沿ってワインと料理の組み合わせや、ぶどうの産地とその気候によってどんな味わいになるのかなどを学び、後半はテイスティングでより知識を深めます。「お料理に合うワインを買って帰る、記念日にはどのワインを飲もうかなど、夫婦の会話のきっかけにもなります。いつもの食卓に刺激を与えると言えるかも知れませんね」と、講師のオースタン紗知子先生。青山の街を見下ろせる、開放感ある教室も生徒さんから好評です。

写真上／講義は専用のテキストに沿って進められます。全8回の講座を受講後、マークシートの認定試験を受け、合格すれば合格証と認定バッジをもらえます

写真上／WSETレベル2、4回目の講義のテーマは「主な白ぶどうの品種の特徴」。それぞれの産地や気候などから、どんなぶどうができるのかを体系的に学びます

プロの講義でスペシャリストを育てる 最高峰資格「マスター・オブ・ワイン」も!

WSETの資格のほか、ワインを楽しむためのイベントや多彩な講義を実施しています。また、WSETでは日本酒の講座もあり、ワインと合わせて通う人も。講座は英語クラスもあり、世界を舞台に活躍したい方にもおすすめです。

ワインアカデミー
アカデミー長
中村英司さん

東京都港区南青山3-1-30
☎03-6634-9976

夫婦で
始める
習い事

Driving range GOLF JOY+ ≫

ゴルフ

“一緒に長く続けられる生涯スポーツ はじめるならインドア練習場で「基礎からしっかり」”

写真左／インドアゴルフ練習場に通い始めて約3カ月の石田さんご夫婦。時間がある週末は2人そろって1日2回通うことも

年齢を問わず楽しめるゴルフは「生涯スポーツ」と言われ、「体を動かしたいけど、激しい運動はちょっと…」と、二の足を踏んでいる方に最適なスポーツです。

プレイを楽しむだけでなく、コースで豊かな自然を満喫しながら非日常を味わえるゴルフなら、夫婦の会話も大いに盛り上がります！通いやすい駅近のインドアゴルフ練習場なら気軽にはじめられ、これからも共に過ごしていく夫婦でこそ始めたい習い事です。

写真左／ドライビングレンジとは別に、パターなどの練習ができるスペースも。隣接するストレッチエリアとともに、レッスン前後に自由に使用することができます。この日、初めてのパター練習に臨んだお2人。お互いの球筋について会話を楽しみながら、浅桜プロの的確な指導で初回から安定したフォームのコツをつかんだ様子

写真下／ビジター利用も可能なドライビングレンジエリアには9つの打席すべてにシミュレーターを完備。貸し切りで最大4名まで使用できるプライベートレンジも1室あり、世界中の名門コースを体験できるシミュレーターが設置されています。コースの傾斜に合わせて足元が傾くなどラフやバンカーも再現され、臨場感のある練習が可能です

ビジターOK、インドア、駅近…
通いやすさが
ゴルフ上達の大きなカギ

息子さんの中学校入学と同時に、「時間ができたことで新しい趣味を始めたい」と考えた石田さんご夫婦が選んだのがインドアゴルフ練習場でのレッスン。ご主人は数回程度、奥様は初心者からのスタートでした。

「経験者、初心者ともに、正しいフォームを身につけるのが上達の近道。そのため、まずはインドアでのレッスンがおすすめです。ゴルフジョイタスなら駅近で通いやすく、ビジター利用も可能です」と浅桜プロ。外の練習場でのレッスンではついついボールのゆくえに目が行きがちですが、インドアであれば正しいフォームに集中できるため上達が早いと言います。

レッスンでは、ボールの軌道や飛距離、正面と後方から撮影されたスイングフォームを、動画や静止画でチェックできる最新のシミュレーターを採用。経験豊かなPGAティーチングプロや同スクール認定インストラクターが行います。

「自分のフォームを客観的に見ながら、コーチがその場で指導してくださるので、次の一打にすぐに反映できます。もっと上達して2人でコースに出る日を目標に練習に励んでいます」と奥様。「練習中の動画はスマホでチェックできるので、次回はもっとこうしてみようと夫婦で話し合います。道具もすべて借りられて、インドアなので天気に関係なく通えるため、週末になると〝練習に行こうか!〟が習慣になりました」とご主人。

月4回のプロによるレッスンとレンジ使い放題など、レッスンコースもさまざま。コースに出てのレッスンはもちろん、イベントも開催されており、ゴルフ仲間を見つける機会も豊富です。

写真上／練習に必要なクラブやシューズなど、用具はすべて無料でレンタルできるため、手ぶらで訪れることができます。当日でもレンジに空きがあればウェブサイトから気軽に予約できるため、隙間時間に身軽に練習に訪れるビジターも多いのだとか

写真上／ハイスピードカメラで撮影され、緻密に分析されたスイング解析をもとに、プロがアドバイス。実力が数値化されるので、成果が分かりやすいと好評です

レベルにあわせたレッスンで
上達への最短コースをかなえる

初心者から経験者まで、シミュレーターとティーチングプロによる指導で、効率的にスキルアップをかなえます。レッスンは1回50分。溝の口駅徒歩2分の通いやすさに加え、コーチ陣が醸し出すアットホームな雰囲気も大きな魅力！

ゴルフジョイタス
PGA（日本プロゴルフ協会）
ティーチングプロ
浅桜啓吾先生

川崎市高津区溝口1-7-1 3F
☎044-850-5562

夫婦で始める習い事

東京音楽学院

音楽

“楽器演奏で刺激される探究心 夫婦ならではのアンサンブルも魅力”

時間にゆとりができたから、もう一度、弾いてみたい。
夫婦別々の楽器でアンサンブルを奏でたい。
共通の趣味をもちたいなど、通い始める目的はさまざま。
ピアノや弦楽器、管楽器に加えて声楽まで、
東京音楽学院では音楽のスペシャリストを講師に迎え
マンツーマンのレッスンで、
さまざまな音楽を学べるとあって絶大な支持を得ています。

写真左／まるでステージに立っているかのような大きな窓がある教室でのレッスンが好評です。駅から近いショッピングモール内にあるため通いやすさも人気の理由

自分で奏でる楽しさを知る
楽器の1年間無償レンタルで
気軽に始められるのも魅力

写真左／ギターをはじめて毎日2時間練習しているという友人に感銘をうけ、またもともと音楽が好きだったこともあって定年後、70歳からヴァイオリンを習い始めた森田壮平さん。「自分で音を作るのですが、それが決まると気持ちいい。生活に張り合いも出ました」。いい音を出すことを目標に、家庭でも練習に励んでいるそう

写真下／ピアノ教室を担当する西村けやき先生。東海大学芸術学科音楽課程の特待生で、首席で卒業し、さまざまな演奏会に出演しています。物腰の柔らかい説明と笑顔で、大人はもちろん子どもからも支持されています。「人生経験が豊かな大人は、表現力も豊かです。"憧れのあの曲を弾きたい"というリクエストにもお応えしています」

写真上／さまざまなレッスンがある中で、大人に最も人気なのがピアノです。「子どもが通い始めて練習する姿に刺激されて、高校のとき以来の復活です」と吉田晴香さん。弾いてみたい曲があったので、と楽譜を持ち込みチケット制のレッスンで自分時間を満喫しています

センター北駅から徒歩1分。大型商業施設、モザイクモール港北の中にあり、ピアノや弦楽器、管楽器、ボーカル・声楽、打楽器など、あらゆる音楽を学べる教室として、子どもから大人まで幅広い層に人気の東京音楽学院。クラスはそれぞれ音楽大学を卒業し世界の舞台で活躍している音楽家や、音楽大学で教鞭をとる教授など、"音楽のプロフェッショナル"ばかり。そんな講師のレッスンをマンツーマンで受けられることが人気の理由です。教室はガラス張りで開放的な雰囲気のなか、窓の外を向くとまるでステージに立って演奏しているかのような環境でレッスンを受講できることも好評。和やかな雰囲気のなか、きめ細かな指導を受けられます。

コースはそれぞれ月謝制とチケット制に分かれています。毎週決まった時間に受講する月謝制ですが、3営業日前までに連絡をすれば欠席とはならず振替えも可能なため、予定が入ってしまった場合でも安心。チケット制は好きな時間に好きな楽器のレッスンを受けられるため、今日はピアノ、来週はヴァイオリン、といった通い方も可能です。「お仕事帰りに受講される生徒さんも少なくありません。ショッピングモール内なのでレッスン後は食事をしたり、買い物をしたりといった楽しみ方も。夫婦一緒の時間だけでなく、会話も必然と増えます。共通の趣味としてはじめてみてはいかがでしょうか」と店長の吉澤純さん。年1回の発表会やショッピングモールのイベントなど、練習した成果を披露する機会もあり、これをモチベーションに練習に励む生徒さんも多いそうです。

写真上／まずは自分で弾いてみて、それを見て聞いた先生が感情の入れ方や指遣いなどの技術面を指導します。うまく指が動かせないパートは繰り返し行い、身につけていきます

完全個室でのマンツーマンレッスン
感染症対策も万全で安心の環境

初心者から経験者まで、その人のレベルに合わせた教材で、手厚い指導を行っています。教室は自動換気システムやパーティションもあり、感染症対策も万全です。持ち帰りもできる楽器の1年間無償レンタルもご用意しています。

東京音楽学院 モザイクモール港北センター北校
店長
吉澤 純さん

横浜市都筑区中川中央1-31-1-4106
モザイクモール港北4F
☎045-915-5041

国際中医薬膳師
原田裕子さんの

夫婦の思いやりご膳

目が回るくらいに忙しく、にぎやかだった子育て時代も終わり、気がついたら夫婦二人の時間が増えていた、という方も多いのではないでしょうか。お互いが家にいると、気詰まりで、イヤな気持ちになることもあるかもしれません。それでも、これからも二人で年を重ねていくのだから、お互いの体や心のことを気にかけ、いたわりあう関係でいたいものだと思います。

年月を重ねた夫婦にとって、体の不調が気になってくるのもこれから。だからこそパートナーの体調を見ながら、からだに必要なものを取り入れてつくる日々の食事が大切になってきます。

そこで、体や心の悩み、不安を少しやわらげて、未病先防、健康寿命を延ばしていくための薬膳の知恵をご紹介します。

薬膳とは? 中医学理論に基づき、年齢、季節、体調などを考慮し、食べ物のもつ性質を理解して、日ごろの食事で病気になりにくい体をつくる食養生です。

エイジングケア

中医学では女は7の倍数、男は8の倍数で体の変化が起こるとされます。35～40歳ごろから肌、白髪、しわなど見た目の変化が表れ、また頻尿、足腰の衰え、骨や歯の不調や心の不調、更年期障害など、体が衰える時期に入ります。これを中医学では人の成長や老化と関係する五臓の「腎」の力の衰えによると考えます。この「腎」を補うことで、不老長寿とはいかないまでも、少しばかり老化のスピードを遅くできればと思います。

おすすめ食材 黒ゴマ、黒豆、ヒジキなどの海藻類、黒米、山芋、栗、クルミ、エビ、ホタテ、カツオ、しじみ、豚肉、羊肉、卵、枝豆、ニンジン、ニラ、キャベツ、ブルーベリーなど

疲れをため込まない

青年期に比べ、疲れやすいのは当然ですが、それでもやりたいことや背負っているものがたくさんあるのが中年期。元気をつけるにはまず「脾」(消化機能)を整え、気血(活動エネルギーの気と栄養を全身にいきわたらせ潤わせる血)を充実させ、めぐりをよくすることが大切です。

おすすめ食材 穀類、イモ類、山芋、大豆製品、鶏肉、豚肉、牛肉、イカ、タコ、カツオ、ウナギ、アナゴ、サバ、サケ、マグロ、きのこ類、かぼちゃ、ブドウ、リンゴ、インゲン、タマネギなど

質の良い睡眠を

夜中に何度も目が覚める、眠りが浅いなどが重なると、自律神経にも影響を与え、睡眠負債を抱える可能性もあります。
質の良い睡眠を確保するためには、「腎」を補いつつ、またリラックスして「心」を整え、頑張りすぎないことが大切です。

おすすめ食材 牡蠣、カツオ、タチウオ、海苔、ひじき、マナガツオ、鶏卵、なつめ、蓮の実、アスパラガス、小麦、そば、山芋、金針菜、小松菜、ゆり根、ローズマリー、カモミール、ワインなど

イライラしない

夫婦一緒の時間が増え、些細な事が気になり、イライラと気に障ることが増えた。とぼやく人もいるかもしれません。人の性格は簡単には変わりませんから、ここは発想を変えて「肝」や「心」に関係する食材の力を借りて、笑顔につながる食事作りを工夫しましょう。またホットフラッシュやイライラを感じる人は、刺激物の食べ過ぎには注意しましょう。心と体はつながっています。笑う門には福来る、笑顔を増やすことで免疫力アップを目指したいものです。

おすすめ食材 あさり、キャベツ、クワイ、シソ、みつば、バジル、カジキ、発芽玄米、ウイキョウ(フェンネル)、せり、セロリ、春菊、菊花、クレソン、柑橘類の皮、グレープフルーツ、緑茶、紅茶、コーヒー、ウーロン茶、酒類など

原田裕子(はらだ ゆうこ)さん

国際中医薬膳師。
発酵ソムリエ、料理講師。
「薬膳サロン ゆたたり」主宰。

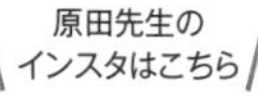

骨粗しょう症を予防して、10年後も夫婦で元気にお散歩したい方に

干しシイタケとじゃこのチヂミ

［材料］2人分

ちりめんじゃこ	30g	[A]		[たれ]	
干しシイタケ（水で戻す）	2枚	長芋（すりおろす）	80g	★醤油	大さじ1
乾燥ひじき	5g（戻して50g）	小麦粉	50g	★酢	大さじ1/2
		片栗粉	20g	★砂糖	小さじ1/2
		溶き卵	1個	★ごま油	少々
		水	50cc	★一味唐辛子	適量
		塩	少々	ごま油・糸唐辛子	適宜

［作り方］

1. 干しシイタケは軽く絞って3mmの薄切りにし、醤油小さじ1、砂糖小さじ1/2で下味をつけて、ごま油少々でこんがりと焼く。ひじきはさっと茹でる。
2. ［A］をボールに入れ、だまにならないように混ぜてから、ちりめんじゃこ、干しシイタケ、ひじきを加えて混ぜる。
3. フライパンに大さじ1のごま油を入れて火にかけ、熱くなったら生地の半量を流し入れて薄く広げ、底面に焼き色がついてカリッとなるまでしっかり焼いて裏返す。
4. 生地を返したら、生地の縁からごま油大さじ1/2をまわし入れ、こんがりするまで焼く。
5. 焼きあがったら、食べやすい大きさに切り、たれでいただく。

MEMO

骨粗しょう症の予防には「腎」を補うことが大切。ちりめんじゃこ、ひじき、長芋はその効果が期待される。干しシイタケはカルシウムの吸収を助ける働きがあり、なんと生シイタケの10倍!

足がつる、腰がだるい、不眠気味、情緒不安定などを感じている方に

海老と牡蠣のアヒージョ

［材料］2人分

海老	6本	ローズマリー	1枝	オリーブ油	150cc
牡蠣	100g	にんにく	1～2片	塩	小さじ1/3
エリンギ	1/2パック	唐辛子	1本	フランスパン	適宜

［作り方］

1. 海老は背わたを取って洗い水を切る。牡蠣は塩水で洗って水を切る。
   ペーパータオルで水分を取り除く。エリンギは食べやすい大きさに切り、にんにくは押しつぶす。
2. オリーブ油を小鍋の半分程度まで入れ、にんにく、唐辛子、ローズマリー、塩を入れて中火で加熱する。
3. にんにくの香りが立ったら、少し火を弱め、海老、牡蠣、エリンギを加えて加熱する。
4. 材料に火が通ったら出来上がり。

MEMO

冬は腎がダメージを受けやすく、冷え、老化、過労による足腰や頻尿などのトラブルが起こりやすい季節。そこで、この時期食べたい食材を使ったアヒージョを紹介。海老は足腰の冷えやだるさ、白髪や筋肉の衰えなどに効果があるとされ、牡蠣は栄養豊富で、情緒不安や不眠の改善によいとされる。魚介類や海藻には「腎」に加え、精神活動に影響を与える「肝」や「心」を調整するものが多いので、エイジングケアや安眠のためにおすすめ。

元気が出ない、疲れやすい、ストレスでイライラを感じる方に

ウーロン茶飯のポキ丼

［材料］2人分

刺身用サーモン	120g	温泉卵	2個	[たれ]	
刺身用ホタテ	4個	みつば・柚子皮	適量	★醤油	大さじ2
アボカド	1/2個	米		★みりん	大さじ2
いりごま	小さじ1	ウーロン茶		★ごま油	小さじ1

［作り方］

1. 水をウーロン茶に換え、いつもの水加減にしてウーロン茶飯を炊く。
2. サーモン、ホタテ、アボカドは1センチくらいの角切りにして、混ぜたたれに漬けて30分置く。
3. ウーロン茶飯を器に盛り、②を上にのせ、真ん中に温泉卵を盛り付け、みつばを添え、いりごまと柚子皮をかける。

MEMO

血は体の隅々まで元気を運び、体を潤してくれる。疲労回復には、気と血のチャージが大切。サーモンはおなかを温め、気と血をチャージ、ホタテは倦怠感の回復に、アボカドと卵は滋養をつけてくれる。ウーロン茶、柚子皮、みつばなど、香りの食材は体のめぐりを良くしリラックス効果が期待できる。サーモンをマグロに変えても同じような効果あり。

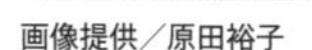
画像提供／原田裕子

感謝を伝える　気持ちを表す

夫婦間のプレゼント

誕生日やクリスマスといった特別な日だけでなく、日頃の感謝や夫婦げんかの仲直りに、プレゼントを贈りあう夫婦も少なくありません。でも、何を贈ればいいのかわからない、という声があるのもまた事実です。そこで、ビタミンママが緊急調査！ 40～60代のまでの夫婦を対象に、「夫婦のプレゼント」についてアンケートを実施しました。

「夫婦のプレゼント」調査結果

調査対象：40～60代の夫婦（男女100名）
調査方法：インターネット調査
調査期間：2022年10月6日～10月20日

プレゼントの頻度とタイミング

「夫婦間のプレゼントは1年に何回する？」、「どんなときにプレゼントする？」と聞いたところ、「年1回」「相手の誕生日」が最多の結果となりました。一方、年に複数回プレゼントをしている人の中には、「けんかした翌日に仲直りのため」や「自分も好きなものを買って一緒に食べる（楽しむ）」など、夫婦のコミュニケーションのきっかけ作りにプレゼントを用意しているという意見もありました。

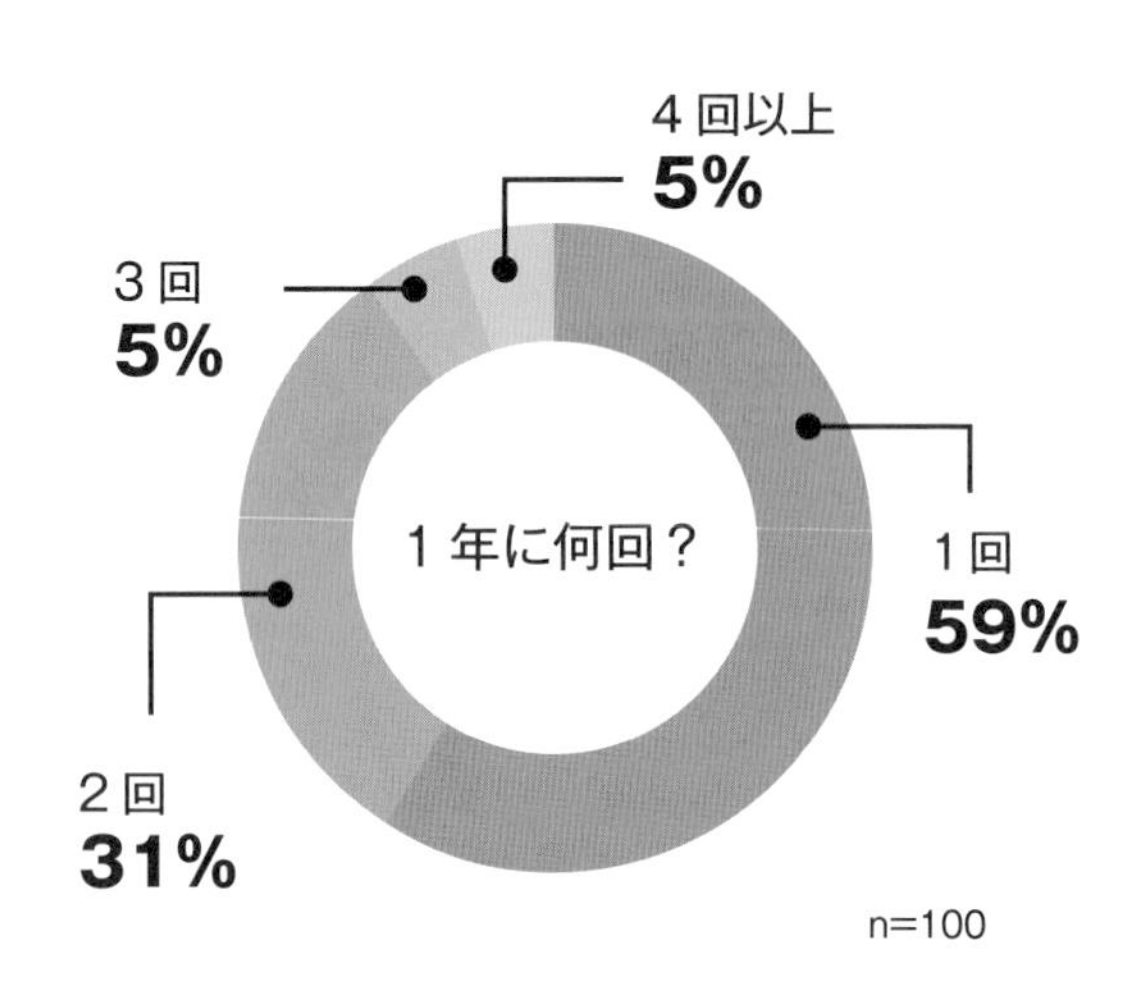

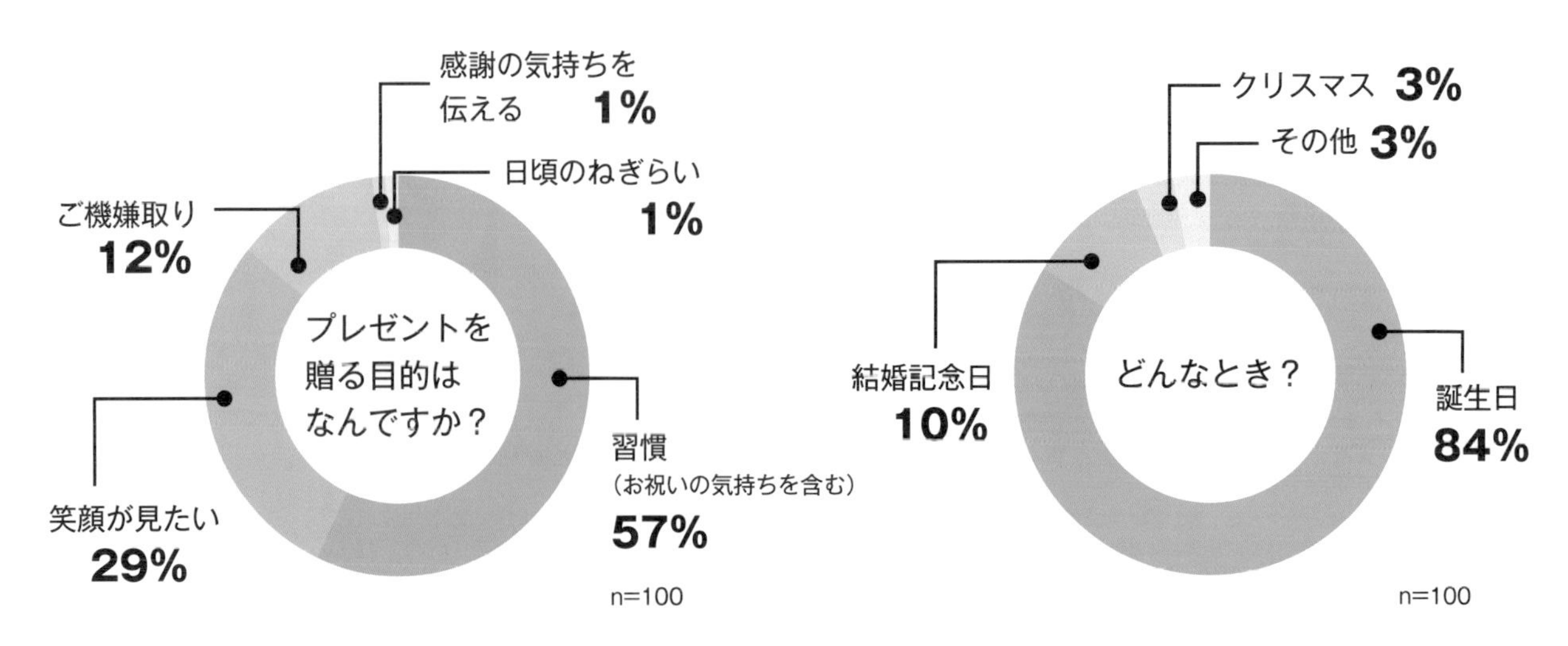

プレゼントの予算と内容

多くの夫婦が気にしているのは、プレゼントにかける予算。結果、「5,000円」「10,000円」が全体の75%を占めました。その内容を聞いたところ、「衣類」「花」「スイーツ」が上位という結果に。そのほか「毎年、自作のケーキを作って贈っています」や「バレンタインの日だけ甘いものを解禁してお互いに贈りあう」「誕生日は登山につき合う」など、内容や時期を事前に話し合って共有している、という興味深いお話も。

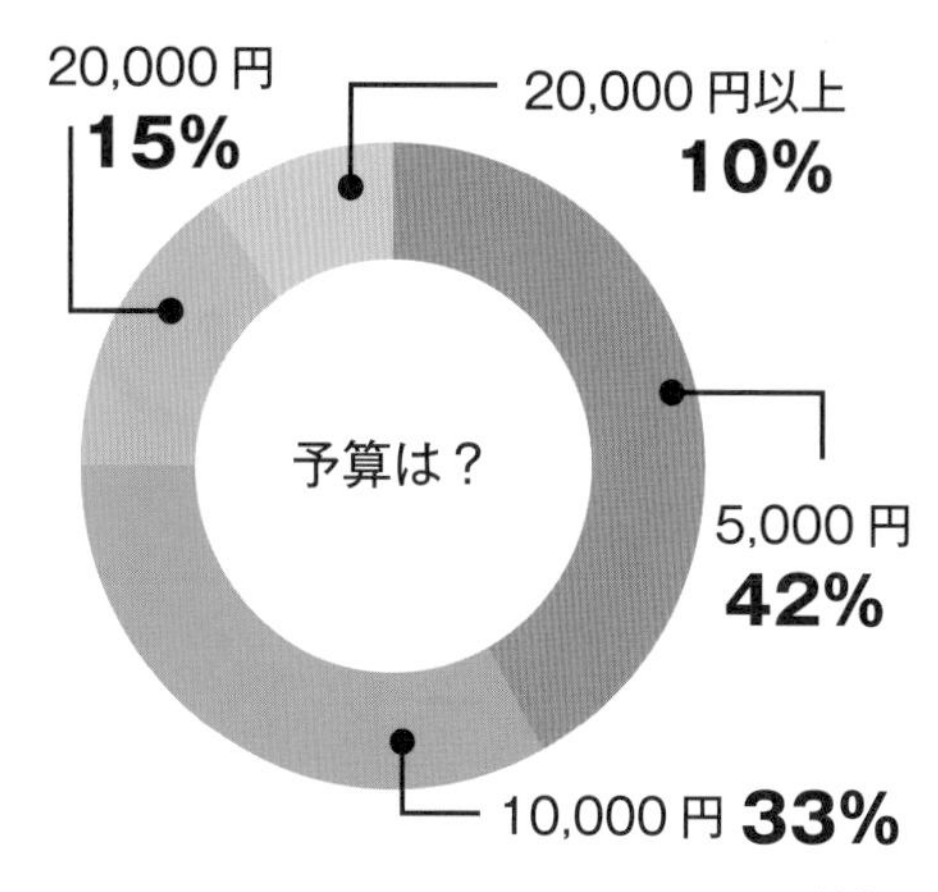

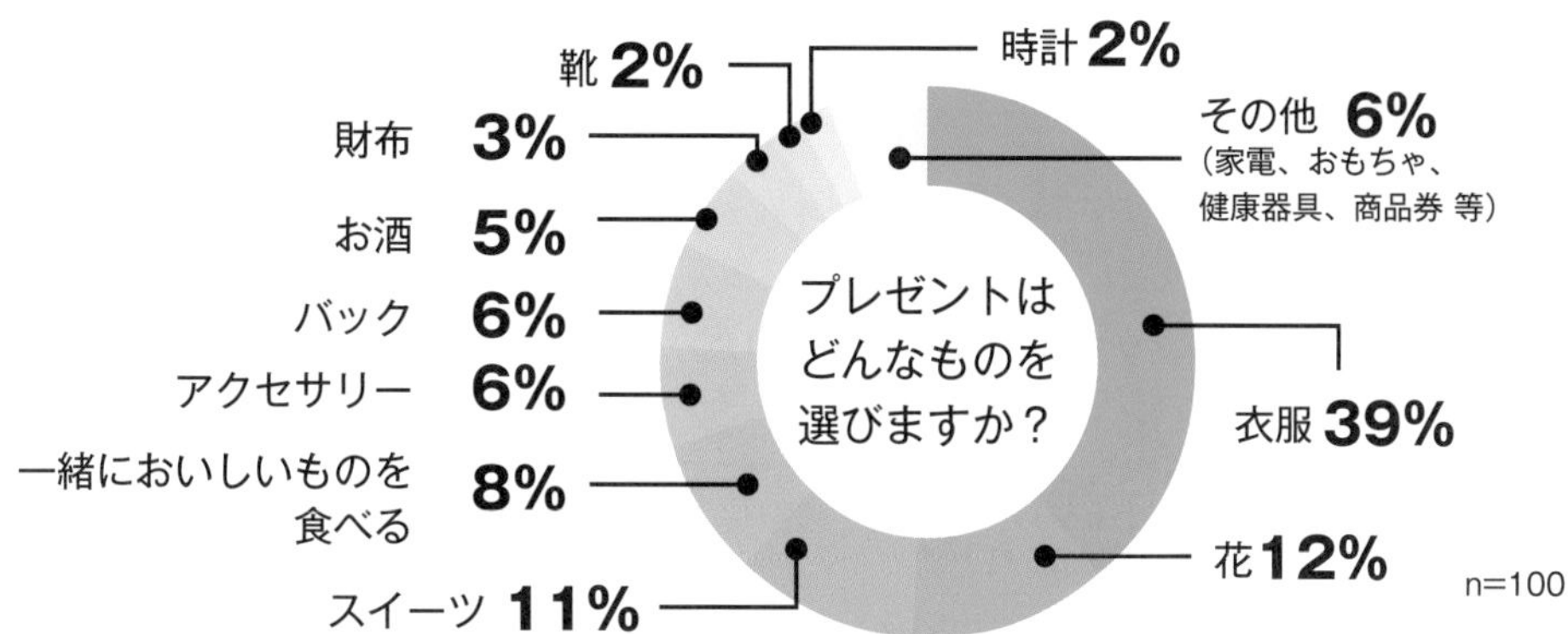

プレゼントにまつわるエピソード

贈ってよかった! 喜ばれたプレゼント

夫へのプレゼントは本人が好きな、普段は利用しないちょっとお高めのレストランでリッチな食事をすること。本人には至福のひとときのようです。

お酒が大好きな夫なので、高級なビールと本マグロの刺身、おつまみを用意すると喜びます。

金運が良くなるという5,000円程度の長財布をプレゼントしたら想像以上に喜ばれてうれしかったです。

若いころにちょっと趣向を変えて、妻に名前入りの包丁をプレゼントしたことがあります。ずいぶん喜んでくれて、きちんと研いで小さくなった今でも愛用してくれています。

マッサージ機をプレゼントしたら喜んでもらえました。私も使えて一石二鳥です。

普段使いにちょっといいジャージをプレゼントしたら、気に入って毎日着てくれています。

ガラスのハイヒールに入ったプリザーブドフラワーを贈ったことがあります。花はなくなってしまいましたが、入れ物のガラスのハイヒールを気に入ったようで、ずっとドレッサーの上に飾ってあります。

毎年、結婚記念日に胡蝶蘭をプレゼントしています。コロナ以前の結婚記念日に、妻が入院していたとき胡蝶蘭をもって病室に入ったら、驚いていましたが喜んでくれました。同室の方々からも歓声が上がり、私も驚きました。

やっちゃった… プレゼントの失敗談

夫に洋服をプレゼントしたのですが、お気に召さなかったようでまったく着てくれませんでした。気持ちはわかりますが、でもやっぱり着てほしいので洋服をプレゼントするときは一緒に選ぶようにしています。

毎年ケーキなどのお菓子を購入してプレゼントをしていますが、2年連続、同じ店の品をあげてしまい、あれは失敗でした…。

記念日を忘れていて機嫌を悪くさせてしまいました。翌日、急いで花とケーキを買いに行きました。

サプライズでバッグやアクセサリーを贈りたくて事前に好みを聞いたところ「一緒に買いに行く」と言われて断念。それ以来、無難な花を贈っています。

夫にプレゼントされた植木鉢の花を、庭の花壇に植え替えて育てていたら、夫が雑草と間違えて抜いて捨ててしまった…。もう贈ったら存在は忘れてしまうのでしょうか。

新発売のゲームソフトをプレゼントしたのですが、すでに夫が限定版の予約をしており、品がかぶってしまったことがありました。

香水を送りました。私好みの香りを選んで、気に入ってもらえる自信があったのですが、意外にもまったく使ってもらえず。結局、私が使っています。

内緒で誕生日のプレゼントを通販で注文していたが、夫が荷物を受け取ってしまい、箱に商品名が書いてあって中身が先にバレてしまいました。

夫に贈りたい 妻にあげたい

プレゼント33選

協力＝玉川髙島屋（03-3709-3111）

ビューティー

ザ・リップバーム

乾燥した唇を保護し、うるおします。ほのかにミントが香る、ベルベットのようになめらかなリップバーム。／ドゥ・ラ・メール　価格：8,250円

アクア アレゴリア マンダリン バジリック オーデトワレ

爽やかな柑橘の香りが心地よい、男性にも女性にも人気のオーデトワレ。／ゲラン　価格：14,520円（75ml）

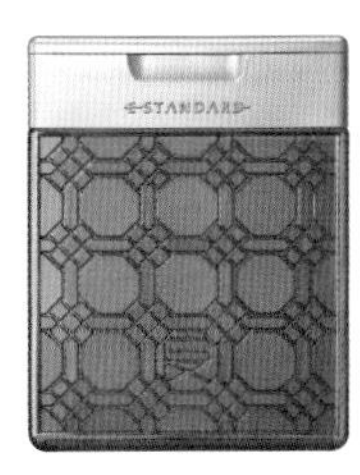

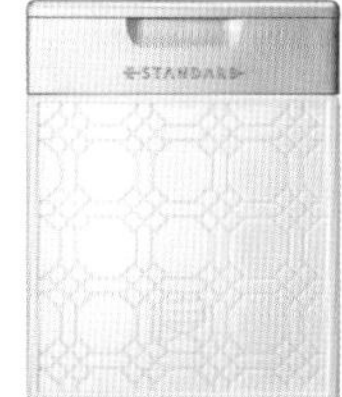

シャンプー／トリートメント　メデュラニュートリション

95%以上*の厳選した美容成分と植物エキス配合。天然由来、高生分解性にこだわり、髪や肌にはもちろん、自然環境にも配慮。きめ細かで豊かな泡立ちのシャンプーと、濃厚な美容成分が髪の内部へと浸透し、髪の根幹から全体へ響き渡るように補修する内部浸透型トリートメント。* 洗浄・油性成分を除く。／イイスタンダード　価格：各3,080円（250ml）・各5,280円（600ml）

K24GP ツキ ゴールド

ラブクロムは、日本の工業技術を活かし、滑らかな表面加工と静電気を拡散する機能、球状の先端など、「美髪を守る」をコンセプトに開発されたヘアコームです。GOLDシリーズは強度と柔軟性を兼ね備えた純金（K24）をふんだんに使い究極のしなやかさを実現したシリーズ最上級モデル。ツキは持ち運びに便利なコンパクトサイズ。日本古来の櫛や簪の和風ディテールに仕上げたコームです。／ラブクロム　価格：11,000円

アクセサリー&ウォッチ

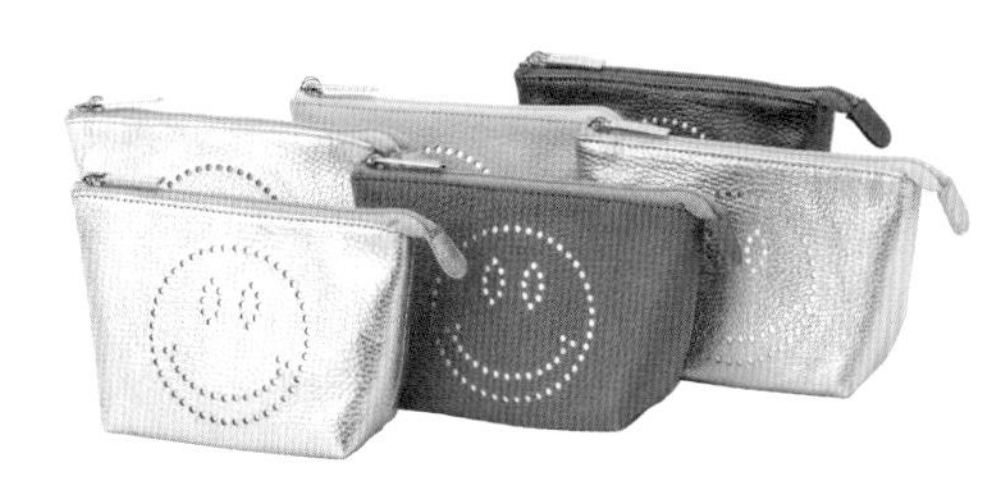

スマイル　パンチングポーチ

使うたびに思わず笑みがこぼれるスマイルポーチ。（10.5×16.0×6.0 ㎝。イタリアンシュリンク型押しレザ─）／サロン・ド・アルファード　価格：11,000円

セラミックリング セラミック×ステンレスリング ステンレスピアス

セラミック素材やステンレス素材は、子育て中など忙しい日々の中でもやっぱりおしゃれをしたい、気軽につけられるものがいい、そんな方にお勧めのアクセサリーです。セラミックは変色がなく、傷も付きづらく、ステンレスは水にも強いので、日ごろも気負いなくつけていただくことができます。／クリスチャンベルナール パリ　価格：セラミックリング13,200円・セラミック×ステンレスリング24,200円・ステンレスピアス19,800円

ネックレス&ピアス（プラチナ・ダイヤモンド）

ヴァンドーム青山ならではのこだわりは、小さな4本爪のセッティング。上下左右の全方位から光を取り込み、爪の存在を消してしまうほどダイヤモンドが美しく、凛とした輝きを放ちます。日常のスタイリングはもちろん、他のジュエリーとの幅広いコーディネートができ、上品なリッチ感を演出してくれます。／ヴァンドーム青山　価格：左）ネックレス94,600円～（0.08ct～）・右）ピアス46,200円～（計0.08ct～）

スマイル ラインストーンチャーム

ラインストーン仕立てのきらきら煌めくスマイルチャーム。ラッキーモチーフのクローバー&タッセル付き。直径約6cm。／サロン・ド・アルファード　価格：5,940円

メンズウォッチ レディースウォッチ

ジャルダンドゥパレロワイヤル（王宮の庭）シリーズ　さりげない繊細なミル打ちのベゼルが洗練されたデザイン。レディース用にはフェイスにマザーオブパールをあしらい、シャープさの中にもエレガンスを忘れないジュエラーらしいウォッチ。／モーブッサン　価格：メンズウォッチ55,000円・レディースウォッチ66,000円

ファッション

ドレスシャツ

フォーマルなシーンやビジネスシーンに外せないメンズファッション定番アイテムのドレスシャツ。独特な光沢と風合いの良さが引き立っています。糸の美しさが一番良く出るようにフレンチ組織で仕上げています。／ポール・スチュアート　価格 25,300 円

ネクタイ

セミボトルシェイプと呼ばれる、大剣に向かってワインボトルのように柔らかくカーブを描く形状により、立体的で優雅なノットとディンプルを作りやすいのが特長。／ポール・スチュアート　価格：16,500 円

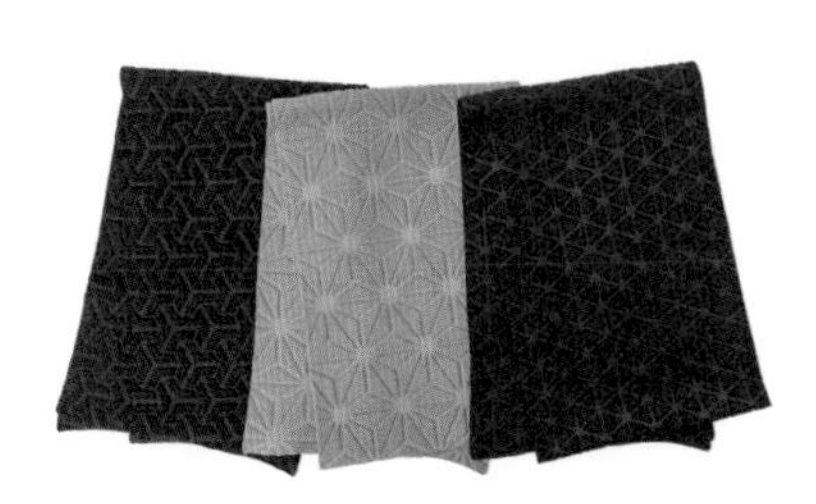

マフラー

「ゴフレ」とはフランス語の「ワッフル」の意味。ワッフルを焼き上げるようにプレスされた立体的な模様がユニークな商品。凸凹した生地は肌にふれる感触が柔らかく、リサイクルポリエステルを用いた生地はホームランドリーも可能。性別を問わず快適にご利用いただけます。／ GAUFRAIT（ゴフレ） 価格：13,200 円

みんなの靴下

地球にやさしいオーガニックコットンを使用し、やわらかい手編みのような風合いが特徴。24 ～ 26 ㎝のワンサイズで、ふわっとやさしくよく伸びるゴムを採用。シンプルで日常使いにピッタリなメンズソックスです。／ナイガイ　価格：1,100 円

ボクサーパンツ

絶滅危惧種であるイリオモテヤマネコをプリントした可愛らしいデザインが特徴的なボクサーパンツ。パッケージにはハートがあしらわれており、これからのバレンタインのギフトにもおすすめ。さらには売上金の一部は日本自然保護協会に寄付。購買を通して社会参画も。／コムサメン　価格：2,750 円

ファッション雑貨&バッグ

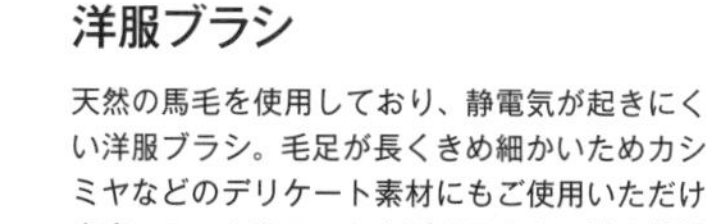

洋服ブラシ

天然の馬毛を使用しており、静電気が起きにくい洋服ブラシ。毛足が長くきめ細かいためカシミヤなどのデリケート素材にもご使用いただけます。ニットやコートなどのアウター類の着用が増える冬の必需品としてプレゼントにもぴったりです。／ SANOHATA　価格：6,050 円

シューホーン

持ち手に使用した革は、使い込むうちに艶が出て味のある経年変化を楽しめます。重厚感あふれる一品でカラーバリエーションの多さも魅力的。一生ものの携帯用シューホーンとしてプレゼントにいかがでしょうか。／ M. MOWBRAY　価格：5,500 円

トートバッグ

スーツスタイルにも休日のジャケパンスタイルにもマッチするトートバッグ。波形をイメージしたオリジナルの型押しを上質なレザーに落とし込むことで生まれる重厚かつ優美な雰囲気。日々のスタイリングを格上げしてくれるアイテムです。大切な記念日のプレゼントにオススメです。／ PELLE MORBIDA　価格：59,400 円

ラウンドジップロングウォレット
ロングウォレット

フランス、デュプイ社のカーフレザーを使用した長財布。本体素材は独特なやわらかいタッチ感が魅力。内側には国産ヌメ革を使用。ラウンドジップタイプは 19 枚、ロングウォレットは 14 枚ものカードが収納可能という機能面は魅力的。優しく品のある美しい色合いも特長のひとつ。／ FUJITAKA　価格：ラウンドジップロングウォレット 47,300 円・ロングウォレット 35,200 円

リビング

リーデル・ボヤージュ（1個入）

高級感溢れるイタリアンレザーのグラスケースに、ワイン、シャンパーニュ、ビールなど幅広いお酒を楽しめるグラスをセットしました。旅行やキャンプでも安心してグラスを持ち運べます。非日常のホッとしたひとときのおともに。／リーデル　価格：16,500 円

ソムリエ ブラック・タイ ヴィンテージ・シャンパーニュ（1個入）

漆黒の台座がエレガントな雰囲気を醸し出すシャンパングラスです。イースティーなブーケを凝縮、クリーミーな舌触りを強調し、秘められた驚くほど多くのアロマを開放します。偉大なシャンパーニュのポテンシャルを余すところなく堪能できるグラスです。／リーデル　価格：33,000 円

コーヒーメーカー「ヴァーチュオ ネクスト」（ダーククローム）
ヴァーチュオ カラフェ
ヴァーチュオ コーヒーマグカップ

コーヒータイムをもっと贅沢に。ご夫婦でシェアしたいときは専用のカラフェに抽出することで、目でみても楽しめる洗練されたコーヒータイムをお楽しみいただけます。／ネスプレッソ　価格：コーヒーメーカー「ヴァーチュオ ネクスト」（ダーククローム）27,500 円・ヴァーチュオ カラフェ 6,930 円・コーヒーマグカップ（2 個セット）4,620 円 ※カプセルコーヒーは含まれません。

フード＆ドリンク

ラムドラ

マイヤーズのダークラムを使用したラムレーズンをブレンドした北海道大納言小豆をふんわりした薄皮で包みました。ほんのり苦みも感じる大人のスイーツ。／梅月堂　価格：378 円（1 個）

クラシックブリュット（白・辛口）

リザーヴワイン 30 ～ 45%使用、48 か月熟成。ふくよかなコクとフレッシュさを合わせ持つ贅沢な味わい。シャンパーニュ・ティエノーのシグネチャーは特別な日にもふさわしいシャンパンです。／シャンパーニュ　ティエノー　価格：7,700 円

ohoro GIN（オホロジン）

北海道産のヤチヤナギ、ニホンハッカをボタニカルとして使用。クリアでスムース、芯のあるしっかりとした味わいに軽やかなシトラスの香りを感じる仕上がり。／八海山ニセコ蒸留所　価格：4,840 円（720ml）

シンガポール ブレックファストティー

ブレックファスト・ブレンドはシンガポールの洗練されたハーモニーをイメージして作られました。緑茶・紅茶、芳醇なヴァニラ、珍しいスパイスをブレンドしたこのお茶は、甘く複雑な味わいを放ちます。／TWG Tea　価格：4,968 円

フィルタードリップ コーヒー詰合せ

<ペック>は 1883 年、ミラノに創業。自然の恵みたっぷりの素材と、地方色豊かな食文化をもつイタリアが誇る、高級食料品店。ペックのこだわりが詰まったイタリアのドリップコーヒーをお楽しみください。／ペック　3,240 円

杉田梅クラフト ジンジャーハニーシロップ　250ml

豊富なクエン酸が特長の杉田梅は、品種改良されていない貴重な野梅系品種です。その杉田梅の梅ジュースをベースに、メキシコ・ユカタン半島産はちみつの甘みと高知産しょうがのスパイシーさを加えました。炭酸やお湯で 3～4 倍に希釈してご利用ください。／延楽梅花堂　価格：2,916 円

玉川髙島屋

東京都世田谷区玉川3-17-1

https://www.takashimaya.co.jp/tamagawa/sc/departmentstore/

玉川髙島屋 S・C は延床面積 18 万 3,010 平方メートルの広い館内に、約 340 もの店舗が軒を連ね、ファッションから雑貨、フードまでさまざまな商品がそろっています。2020 年に矢野経済研究所が行った「主要ショッピングセンターの消費者利用満足度ランキング」では、76.6 点を獲得して日本一に！今回は SC 内の玉川髙島屋<百貨店>からセレクトしました。

掲載商品について

※品数に限りがございますので、売切れの節はご容赦ください。
※詳しくは売場係員におたずねください。

二人の時間

見直そう！夫婦のライフステージ

変化に合わせた
暮らし方アップデート

ライフステージによって、家族が必要とするものも、夫婦が大切にすることも変わります。
これからの二人の暮らしをイメージして
毎日の暮らしがより楽しく、充実したものになるように、
身のまわりのハード面、ソフト面を見直してみては？

子どもの巣立ち

住まいのプロに聞く、「これから」の夫婦の住まい方
～リフォーム編、住み替え編～

ゆっくり楽しむ大人ガーデニングのススメ
景色を楽しむ庭づくり

新しい家族を迎えよう　ペットのいる暮らし

出産

結婚

住まいのプロに聞く、「これから」の夫婦の住まい方 ― リフォーム編

人生のセカンドステージを彩る 快適「リフォーム」術

Case1

オープンキッチンで大人コミュニケーションの場づくり

子育て中心の生活から 大人だけの生活空間に

Point 1

**料理をする場から
コミュニケーションの場へ**

友人を招いてパーティーをする際も、ホストである自分たちも含め、皆で楽しい時間を過ごせる空間として、キッチンがリビングと一体化した「リビングキッチン」へ。親子も大人同志の関係に変化します。

Point 2

男性も積極的に厨房へ

夫婦でキッチンに立ちたい、妻に手料理をふるまいたいという夫が増加中。システムキッチンを高めにしたり、二人で立てるスペースを確保したり。レシピ動画を見られるように、コンロ脇にiPadを置けるニッチスペースを設けたいというご希望も。

後悔しないリフォームを!

新築以上に迷う要素が多いリフォーム。これまでの暮らしとは違う生活スタイルをイメージしてデザインするのですから、悩むのは当然です。夫婦二人で希望を出し合い、お互いが納得し、より楽しく、より充実したセカンドライフが送れるように考えましょう。

ハウスクエア横浜の「新築・リフォーム相談室」では、まずはゆっくりお話をうかがい、「リフォームの目的」や「優先順位」などを整理して再確認するお手伝いをしています。先々のライフプランなども見据え、さまざまな事例を交えてお話しするうちに、このリフォームは今は必要ないのでは?という結論に至ることも。金銭的な面でも、やりたいことを全部やると新築よりも高額に!などということもありますので、まずは専門家に相談してみることをおすすめします。

5

お風呂の浴槽

足を伸ばせる大きな浴槽にしたいという方は多いですが、年配の方、特に体が小さめの方は溺れるリスクが高くなるので体形に合わせた浴槽選びが大切です。

6

手すりをつけられるように

通常の壁は石膏ボードだけなので、手すり設置に耐えられません。石膏ボードの裏側に下地を入れておくと、後から手すりの取りつけが可能に。主にトイレ、玄関リフォームや、壁紙の張替えなどの際は検討してみてください。

7

大規模リフォーム

築年数の古い家を2世帯住宅にするなどの大がかりなリフォームは慎重に検討しましょう。耐震補強だけで1千万円ほどかかってしまうケースもあり、新築を視野に入れた方がよい場合もあります

お話を伺ったのは

ハウスクエア横浜
新築・リフォーム相談室
上之園 恵子さん

Case2

それぞれの仕事や趣味の部屋

リモートワークの導入など、夫婦ともにおうち時間が増えたことで、それぞれの仕事や趣味に活用できるスペースが欲しいという相談が増加。リビングの一画にパソコン作業ができるカウンターを作ったり、納戸に書棚を取りつけて書斎にしたり。元の間取りのまま、ちょっと手を加えるだけでプライベート空間が確保できる簡単なリフォームが人気。

Case3

夫婦別寝室

先に寝ている妻を起こさないように気をつかう、夫の歯ぎしりやいびきがうるさくて眠れないなどの理由から、年齢が上がるにつれ夫婦の寝室を分けたいという声も。おススメは、寝室の真ん中を引き戸で区切るリフォームで、眠るときは閉め、気配を感じたいときは開けてひとつの部屋に。寝室に限らず、壁の代わりに引き戸で部屋を分けるリフォームは、柔軟に間取り変更ができて便利。

プライベート空間の確保で 夫婦円満に

新築・リフォーム相談室

業界を熟知した相談員がリフォーム会社をご紹介

リフォーム会社は数多くありますが、建物の構造計算などを含む大きな間取り変更、素材やデザインへのこだわり、アフターケアなど、各社それぞれに得意分野が異なります。相談員は大小さまざまな業者を熟知しているので、中立の立場で最適な業者をご紹介します。メーカーのショールームを訪れる前に、また、すすめられたプランや見積もり額が妥当か分からないなど、どんなことでもお気軽にご相談ください。

ご相談の際は事前にご予約の上、ご来場ください

ビタミンママonlineでもっと詳しく!

新築・リフォーム・インテリア
住まいのすべてがここにある

ハウスクエア横浜

☎045-912-4110

横浜市都筑区中川1丁目4-1
横浜市営地下鉄「中川駅」徒歩2分
営業時間／10:00～18:00
（水曜除く）

Tip 老後や親の介護 将来を見据えた備えのリフォームを一部ご紹介

① IHコンロの導入

キッチンリフォームの際は、IHコンロの導入がおススメ。火力が気になる、長年ガスコンロなので替えたくないという方は多いですが、とにかく安全第一。お手入れも断然ラクになりますよ。

② 洗面所

使う人によって高さを調整でき、車椅子でも快適に使用できる洗面台に付け替え可能。ハウスクエア横浜内「住まいづくり体験館」でも体験できます。

③ 段差の解消

3㎝の段差より5㎜の段差の方が危険です。大掛かりな工事で床をフラットにするのではなく、3㎝くらいまでの段差であれば「見切り材」という三角形の資材を段差の部分に設置するだけでつまづいて転倒を防ぐことができます。

④ 寝室とトイレ

寝室のリフォームを考える際はトイレとセットで考えましょう。寝室のできるだけ近くにトイレを作ることを想定しておくと将来的に安心です。

見直そう!夫婦のライフステージ
変化に合わせた暮らし方アップデート

「住み替え」という選択肢 成功ポイントと注意点は？

住まいのプロに聞く、「これから」の夫婦の住まい方 ―― 住み替え編

50代以降、ライフステージに合わせて見直し需要が高まるのが「住まい」。子どもの独立で同居人数が減ったり、自身の退職で自宅で過ごすことが多くなったりするなど、住まい方にも大きな変化が訪れます。もう一度、夫婦二人の生活に戻るタイミングで、より暮らしやすい環境へと住み替える、そんな選択肢も素敵かもしれません。
そこで、50代からの住み替えについて、「住まいのプロ」東日本ハウジングのお二人にお話を伺いました。

ライフステージで大きく変化する「住まい方」

幅広い世代が「住み替え」を検討 タイミングや理由はさまざま

セカンドライフを見据えた住み替えを検討される方は、40代後半～80代まで幅広くいらっしゃいます。理由はさまざまですが、ダウンサイジングを目的とされる方が多く、子育て仕様の間取りからご夫婦お二人、またはひとり暮らしを想定した広さへ住み替えられることが多いです。現在の住居をお子さん世帯に譲る、または賃貸経営に切り替えてご自身はコンパクトなマンションに住み替えるというケースもありますね。

また、20代で戸建てや新築マンションを購入した場合、10～15年経過した頃から少しずつメンテナンスがはじまり、築年数が40年を超えると大掛かりなメンテナンスが必要になります。大規模な修繕前も、住み替えのタイミングといえそうです。

住み替え先としては、バリア

より自分たちらしい「住まい」を実現した住み替え事例

住み替え・CASE 1

都内戸建て
↓
60㎡マンション

60代
ご夫婦

セミリタイアを機に住み替え。戸建てに住んでいた頃は、別々の部屋で過ごすことが多かったのですが、マンションに引っ越してからは夫婦で過ごす時間が充実し、会話が増えました。

住み替え・CASE 2

ペット不可マンション
↓
中古戸建て

70代
ご夫婦

リタイア後、ペットを飼いたいと思うように。ペット不可のマンションから庭付き中古戸建てへ住み替えました。子どもも独立し、今は夫婦そろってペットが生きがいです。

お話を伺ったのは

東日本ハウジング
箱石 智也さん
課長
松本 智さん

フリーなど機能の充実、駅やクリニック、スーパーへの利便性などを重視されますね。お子さんの住まいの近隣に引越しを検討される方も多く、「老後」を視野に入れた住み替えをされています。

余裕のある資金計画が失敗しない住み替えのコツ

住み替えの際に気をつけたいのが、住宅ローンの借入です。現在の持ち家を売却した金額、自己資産、これから組むローンの借入金、返済額のバランスなどをしっかり見極めることが大切です。

例外もありますが、住宅ローンは通常、80歳で完済するものが主流です。余剰資産がよほど多くない限り、新たに住宅ローンを組むことになりますから、まだしっかり働ける50代の間に住み替えを検討するほうが、返済計画が立てやすく、ローンの審査も通りやすいでしょう。

親世帯が組んだ住宅ローンを子ども世帯へ引き継ぐ「リレーローン」も可能です。その場合は、二世帯住宅であることが望ましく、別々に居住している場合、将来的に子ども世帯が別に住宅を購入する際にローンが組めないなどの不都合が生じてしまうため、注意が必要です。

依頼する不動産会社によっては、住宅ローンについての資格を保有する営業スタッフがいたり、ファイナンシャルプランナーの無料相談が受けられたりと手厚い対応を行っています。ぜひ利用してみてください。

「住み替え」を検討するなら不動産会社選びは慎重に！

住みたい地域が決まっている場合は、その地域に密着した地元の不動産会社を選ぶのがおすすめです。

不動産情報の豊富さはもちろん、街の情報にも詳しく、引越しなどの際のサポートや住みはじめてからのフォローが充実しているのが特長で、アットホームなおつき合いを信条としている会社が多い傾向にあります。

住み替えを検討される方は、次の住まいに対する希望が明確な方が多い印象を受けます。その希望をなるべく叶えるためにも、不動産会社の選択は大変重要で、相性のいい不動産会社との出会いが、後悔のない住み替えの第一歩といえます。

株式会社 東日本ハウジング

☎0120-52-1231 | 横浜市青葉区美しが丘5-12-10

横浜市青葉区を中心に不動産売買などを行う株式会社東日本ハウジング。地域に根ざして37年、物件情報・成約件数の多さには定評があります。店舗前の大通りの早朝掃除、ユニセフや北部病院などへの寄付活動を継続し感謝状を送られるなど、地域貢献にも力を入れています。営業が受け持つ顧客数を少人数にすることで密度の濃い対応を実現し、ライフステージの変化に合わせて生涯にわたるサポートが受けられます。

店内には各方面からの感謝状が多数飾られています

ビタミンママonlineでもっと詳しく!

現在の住まいによって、住み替えパターンもさまざま！

住み替えパターン 1

住まいのダウンサイジング

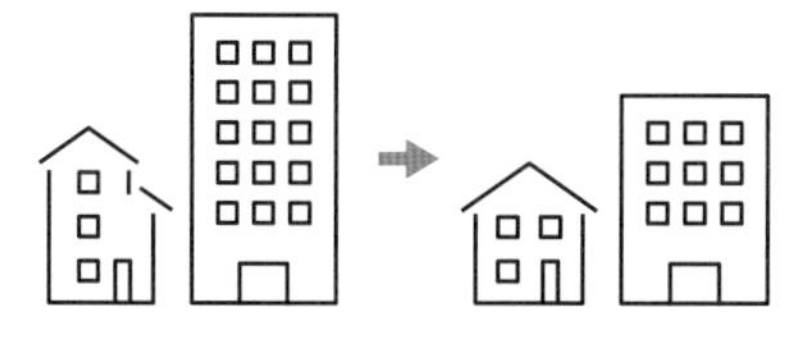

子どもの独立などで部屋数が余っている場合など、間取りの見直しをきっかけに住み替えを検討。

住み替えパターン 2

マンション ⇄ 戸建て

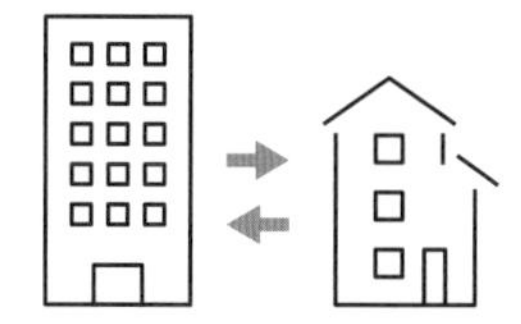

ガーデンニングを楽しめる庭つき戸建てや利便性の高いマンションなど、理想に近い住まいを検討。

住み替えパターン 3

持ち家 → 資産

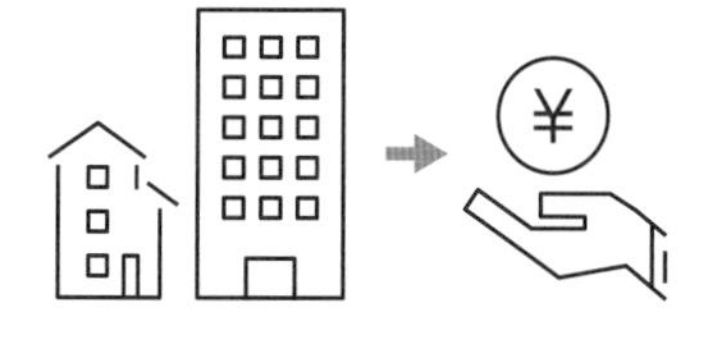

自分の持ち家を子ども世帯に譲る、賃貸経営に切り替えて、不動産収入を得るなど、資産として活用。

門扉から玄関までのアプローチ。コニファーのように見えるのは、円錐形にトリミングした日本のツゲ。コニファーのように無節操に大きくならず、かわいく刈り込めば冬の庭も彩ってくれます

ゆっくり楽しむ大人ガーデニングのススメ

景色を楽しむ庭づくり

子どもの独立や定年で自分時間をもてるようになったら、お庭に目を向けてみませんか。ほんの少し手をかけるだけで、庭は毎日、毎年、変化に富んだすてきな景色を見せてくれます。そこで、横浜市でサスティナブルな庭づくりをしているOne Seed代表の安藤よしかさんに、大人夫婦が無理なくできる庭づくりについてお話を伺いました。

すぐに完成形を目指さない 変化を楽しむのが大人流

庭づくりはゆっくり楽しむスローホビー。今日始めて明日完成の喜びを味わえるものではなく、何もないところに種をまき、苗を植え、成長する様子を眺め、変化を楽しむもの。できることからやっていきましょう。大切なのは楽しむことです。

まず、庭づくりをする前に、一度お庭をじっくり眺めてみてください。そうすると、庭の中にも環境の違いが見えてきます。前庭は南向きで日当たり良好。でも木の影になるところは常に木漏れ日程度。西に面した一角は強い西日が差し込む。そんなことに気づきます。ならば植えるものもそれに合わせて選ぶのがいいでしょう。園芸店で植物を選ぶ際は、原産国を確認してみてください。西日のきついエリアには地中海やオーストラリア原産の植物を植えてみてはどうでしょう。ただし、地中海原産のものは比較的乾燥が好きなので、日本の夏の湿気や蒸れには注意が必要です。

また、日本の住宅事情では、南向きでも隣家の壁の陰になって日陰の庭は多くあります。でも実は、半日蔭こそ適した環境の植物は日本には数多くあります。日本は雨が多く、国土のほとんどが森林の国。木漏れ日の下で生長する植物がたくさんあるのです。私がおすすめするのは地域の植生を取り入れること。日本の環境にはやはり日本の花が適しています。とくに自宅近所に昔から自生している植物は、庭で育てても定着率がよく、それほど手をかけなくても強く育ちます。日本固有種の植物は、見かけこそ派手ではないかもしれませんが、凛と美しく、大人のお庭にはおすすめです。

また、庭づくりをする際は庭の全体像をイメージしてください。今見えているものだけでなく、まだ見ぬ景色に思いをはせてみましょう。次の季節は?10年後はどんな景色になっているだろうと。庭の一角に木を植えようと思うなら、その植物は10年後どんな大きさになり、その手入れにどのような手間がかかるのか。そういうことまで考えて植える植物を選びましょう。

私がいちばん大切にしたいのは、お部屋からの眺めです。窓から見えるエリアには、季節の草花を植えてはどうでしょう。季節に合わせて姿を変え、心が

お話を伺ったのは

One Seed代表
安藤 よしかさん

One Seed 詳細はHPをご覧ください

多年草、一年草の植物をバランスよく

多年草を中心に
一年草で間を埋めるように植える

2年以上同じ株から花を咲かせる植物を多年草、種から花が咲いて枯れるまでが1年以内の花を一年草といいます。一年草は毎年植え替える必要がありますが、多年草は株が残り、次の花期にはまた花を咲かせるので植え替えの必要がありません。多年草を中心に庭をデザインし、一年草でその間を埋めるように配置すれば、植え替えるのは一年草だけ。冬の間も株が残るものなら、グリーンが残り、冬の庭の景色を彩ります。

草丈の高い一年草のジギタリス、チドリソウ、オルラヤ。上品な紫と白に加え、足下の隙間を埋めるようにスモーキーな多年草のシラスを配置

立体的に景観をとらえる

成長後の草丈の違いを考え
高さの違うものを立体的に配置する

同じような高さの植物だけで庭をデザインすると、低いと全体的にペタッとして見え、高い植物ばかりだと不安定な印象に。奥に草丈の高い植物、手前に低い植物を配置、あるいは中央に背の高い植物、その周囲を低い植物にするとバランスよく、立体的になります。オミナエシやラナンキュラスなど比較的草丈の高い植物の手前にパンジーやビオラなどの低い花を植えると華やかでバランスよい景観になります。

庭に背の高いポットを置いて高さを出すこともできます。中央に置いたポットの足下を小ぶりな花で囲めば立体感のある景観になります

冬の景色を考える

高木や常緑樹、多年草など
冬を彩る植物から考える

庭全体を花で埋め尽くすのはたいへんです。まず、冬の庭を想像してみましょう。それがその庭の骨格になります。花がなくなり、葉が落ちて幹だけになった落葉樹。冬でも緑の常緑樹など。その冬の庭がデザインの中心と考えます。そのほかのエリアを花の咲く多年草、一年草で埋めると考えれば、年間を通してラクに管理できます。もし冬の庭がさびしいと感じたら、一年草のビオラやパンジー、ストックなどで彩りを添えてもいいでしょう。

上が春、下が冬の様子。隣家の壁の目隠しに、柵に絡ませたピラカンサ。目隠しにもなるうえ、冬は赤い実がなってきれいです

癒やされウキウキするような景色が広がります。玄関エリアをすてきにするのもおすすめです。道行く人も振り返り、仕事に行くとき、帰るとき、とてもやさしい気持ちになれます。

あまり難しく考える必要はありません。やってみて何度も失敗すればいいのです。ただし気をつけたいのは、大きな構造物を入れるとき。「草むしりが大変だから」と庭に砂利を敷き詰めたり、コンクリートで構造物を作ったりすると、数年後、変えたいと思っても、その撤去はとても大変です。ですから、大きな構造物、樹木などを入れるときは、慎重に考えましょう。

庭の お手入れのポイント

水やりはたっぷりと

朝晩水やりをしているのに、植物の元気がないという場合は、水やりをするタイミングと量に問題があります。水やりは、ちょっと土を濡らす程度ではなく、土にしっかり水が浸透するまでたっぷりあげるのがポイント。毎日でなくてもいいので、土が乾いたらあげる。そしてあげるときはたっぷりとが鉄則です。また、真夏の暑い時期に、葉の上からザーザー水やりをすると、水は熱湯のようになって根をいためるうえ、葉が焼けてしまいます。しかも葉にはじかれた水は土まで届かず、根に水が行き渡りません。水やりは朝晩の涼しい時間、あるいは昼間にするなら、土に近いところから直接土にかかるようにあげましょう。

取材協力・画像提供／One Seed

新しい家族を迎えよう

ペットのいる暮らし

子どもたちも手を離れ、夫婦二人の時間が増えてきました。
そんな二人の生活に彩りを与えてくれるのがペットです。ここでは、ペットの種類から家族に迎え入れる方法、
飼うときの注意点まで、専門家のアドバイスをもとにまとめてみました。

ペット選びのアドバイス

飼育できるペットにはどんな種類がある？

ペットの種類と特徴

犬や猫をはじめ、インコなどの鳥類、ハムスターやウサギ、トカゲなどの爬虫類まで、
ペットとして飼育できる動物はさまざま。ペットに適した動物とその特長を
『ペットの専門店コジマ横浜青葉店』の中本店長に教えていただきました。

一番人気＆ペットの代表格

犬

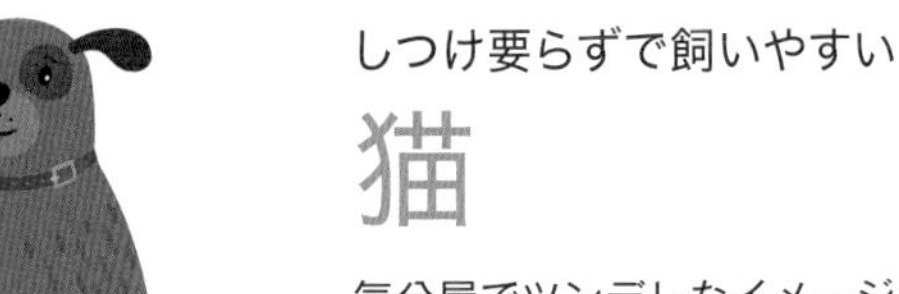

犬はペットの中でも人気が高く、「家族の一員として楽しい時間をともに過ごしたい」という飼い主の気持ちをもっとも満たしてくれる動物です。小型犬から大型犬まで体格に大きな差があるため、夫婦のライフスタイルや住まいの種類（一軒家かマンションか）、ご自身の体力などを鑑みて、希望に合う犬種を選ぶといいでしょう。また、毛の抜けやすさも犬種によって違うため、ケア費用の負担についても加味して検討するようにしましょう。

しつけ要らずで飼いやすい

猫

気分屋でツンデレなイメージのある猫ですが、同居する家族にはよくなつく子が多く、体格も一般的に犬に比べて小柄（平均5kg前後）。トイレのしつけなどが必要なく、体のにおいもほとんどない猫はとても飼いやすい動物です。毛は全品種抜けるため定期的なブラッシングや猫草を食べさせるなどヘアボールのケアは必須。つめ研ぎやオスのマーキングが嫌だという声も聞きますが、透明フィルムで壁を保護する、生後半年以降に去勢するなど、それぞれ対策は可能です。

こまめなお世話が飼育のカギ

小動物

ハムスター、ウサギに加えて、最近ではハリネズミ、フェレットやフクロモモンガなども人気。ウサギやフェレット、モモンガはなつくこともあり、ペット初心者やマンション住まいの方には飼育しやすいでしょう。体が小さく、体調の変化に気づきにくいため、日頃から糞の状態や餌の減り具合などをチェックするといった、こまめなお世話が飼育のカギです。

カラフルな水中世界を楽しもう

観賞魚

初めて観賞魚を飼育するなら、グッピーやネオンテトラなどのカラフルな淡水魚がおすすめ。淡水魚は、海水魚に比べると水槽内のメンテナンスが楽で、さまざまな魚種を同時に飼えるなど、美しい水中世界を自由につくれる楽しさがあります。注意したいのは、異なる魚種を共生させることで起こる共食い。飼育前に相性の良い魚類を確認しておくとよいでしょう。

マニアには根強い人気

爬虫類

室内飼い、しかもガラスケースで飼育できる爬虫類は、ここ数年人気上昇中。しかし、成長して大きくなったから飼育できないと施設に持ち込んだり、モラルなく外に逃したりする飼い主が増え、社会問題にもなっています。爬虫類に限らず、飼育前にどの程度成長するのか、寿命は何年ぐらいかなどを確認し、責任をもって終生飼育が可能かどうかを検討しましょう。

夫婦二人の暮らしと相性がいいのは？

飼いやすい犬種・猫種ベスト4！

これから飼いたいペットで人気なのは、やはり犬や猫。そこで中本店長に「オトナ夫婦が比較的飼いやすい犬種・猫種」を教えてもらいました。動物の性質や体格、運動量などが自分たちのライフスタイルとフィットするかどうかは意外と大事。ぜひペット選びの参考にしてください。

Cat
猫

ラグドール

「ぬいぐるみ」というその名の通りおとなしく、愛嬌があってやさしい性格。艶やかな被毛や美しいブルーの眼を持ち、ビジュアルの良さも人気の秘密。運動量も多くないため大人夫婦が飼いやすい猫種です。

ブリティッシュショートヘア

まるまるとしたフォルムにファンが多い猫種。毛色はブルーが多いですが、ハチワレなどさまざまなカラーから選ぶ楽しさも。密度の濃い毛並みの手触りの良さは抜群！穏やかで愛らしい性格も魅力です。

ミヌエット

短い足でトコトコ歩いたり、届かない台に登ろうとしたり。短足ゆえの愛らしさは猫の中でも随一。性格はやさしい子が多く、4kg前後と飼いやすいサイズ。一緒に暮らせば癒しや笑顔を運んでくれます。

アメリカンショートヘア

通称「アメショー」として親しまれ、人気もあり飼いやすい品種としても知られています。成猫になると体つきが丸くなるため運動量もそれほど多くなく、性格的にも大人だけの生活に馴染みやすいことも特長。

Dog
犬

マルチーズ

純白の被毛とつぶらな瞳が魅力です。穏やかで、運動量もそれほど多くなく、大人夫婦が飼育しやすい犬種。抜け毛は少ないですが、長くて絡まりやすいので定期的なカットと毎日のブラッシングは必要です。

ゴールデンレトリバー

ラブラドールと同じ大きな体と、やさしい性格が特長。運動量は必要ですが、成犬になれば人と寄り添って暮らすことができる犬種とも言えます。「夢だった大型犬を飼いたい！」という方にもおすすめ。

ビション・フリーゼ

外見はマルチーズにそっくりなビション・フリーゼ。最近人気が高まっていて、落ち着いた性格の子が多いため飼いやすい犬種です。被毛が非常に多いため毎日のブラッシングや定期的なカットは必須。

柴犬

根強い人気のある柴犬。番犬のイメージもありますが、室内で飼えばよくなつき、忠実で飼いやすい犬種。細かい被毛がよく抜け、週1、2回(換毛期は毎日)のブラッシングは必要ですが、カットは不要です。

ペットの専門店コジマ
横浜青葉店

横浜市青葉区
荏田北1-1-4
☎045-910-1139

幸せなペットライフを始めるために

ペットとの"いい出会い"について中本店長にお聞きすると、「いろいろなワンちゃん、猫ちゃんとふれあってみてください。スタッフに疑問や不安を話していただくことでお客様に合う動物をおすすめできます」とのこと。ペット飼育には知識や愛情はもちろん"責任"も伴います。入念な情報収集、十分な検討が"いい出会い"の近道となるはずです。

ペットショップ、譲渡会、ブリーダー、里親サイト…

犬や猫を家族に迎える方法とは?

いざペットを飼うことにしたら、どうやって手に入れるかを考えましょう。

近年では保護動物の里親を募るサイトや譲渡会なども増えており、ペットを家族として迎え入れる選択肢はさまざま。

自分に合った方法でペット探しができるように、いろいろな方法を事前に把握しておくのがおすすめです。

STEP 2
ペットをどこで
手に入れる?

ペットショップ

血統種を希望の場合は一番の近道
お店の品質はしっかりチェックを

「ペットの専門店コジマ」では、専属獣医師による健康診断・重篤な遺伝子病検査を行うなど、動物もお客様も安心できる環境です

ほしい犬種や猫種がある場合は、ペットショップで探すのが一番早いかもしれません。しかし、ショップによっては避けた方がよい業者もあるため注意が必要です。まず、①店内やケース内はにおいがなく清潔かどうか　②スタッフが伝染病や犬・猫に関する見識をしっかりもっているか　③獣医師による健診などをしているか　④消毒など感染症対策をしているか　などをチェック。また、2021年6月に施行された「改正動物愛護管理法」により、動物取扱業者は生後56日以内の犬猫を販売することが禁じられているため、生後間もない子犬、子猫を販売していないかいうことも重要な購入基準に加えましょう。

ブリーダー

ペットショップ同様、人柄や技術など
安心して購入できるか事前確認は忘れずに

知り合いや紹介で出会ったブリーダーであれば、親やきょうだいの情報をはじめ、その子の性格、健康状態や病歴、ワクチン歴などもわかるので、ペットを入手する方法としてはおすすめです。ただ、ペットショップ同様、衛生面の問題や、子犬、子猫の社会化期(性格形成や人馴れに影響を及ぼす時期・生後２～８週齢ほど)より前に譲渡を実施するなど、問題のあるブリーダーも。信頼できるブリーダーかどうか、ご自身でも事前にしっかり確認するようにしましょう。

知人、友人から譲り受ける

生後2～7週の社会化期を
終えた頃が譲渡のタイミング

知人が飼っている犬や猫の子どもを引き取るのもペットを迎える選択肢のひとつ。生後しばらくの間、一緒に生まれたきょうだいや母親、飼い主(人間)とふれあいながら性格形成、社会性を身につけられる点も安心です。母乳からさまざまな抗体を受け取るのもこの時期。譲り受けるときは生後50日以降にするとよいでしょう。ただし、マイクロチップやワクチン接種など、自分で手続きする必要があります。

自治体や動物愛護団体から「譲渡」してもらう

行き場を失った動物たちをわが家へ
社会貢献にもつながる選択肢

自治体の動物愛護センター(保健所)や民間の動物愛護団体から犬や猫を引き取る「譲渡」は、近年一般的になりつつあります。また、動物愛護の観点から積極的に譲渡によるペットの入手を希望する人も増えています。

譲渡される犬や猫は、飼い主不明や飼育放棄、災害などで飼い主が飼えなくなるなど、さまざまな生い立ちを抱えています。中には虐待されていた子もいるため、譲渡にあたっては、各団体が定める条件をクリアする必要があったり、事前に面接やお試し期間などを設けてペットとの相性、飼い主としての適性を見られることも。団体によって譲渡の手順や条件は異なるため、事前にしっかり確認しましょう。また、譲渡前の講習会や、譲渡後のしつけ方教室などで飼い方相談や情報提供を受けられるところは譲渡の良い点です。一方で、動物たちの生い立ちがさまざまなことから、病歴や年齢、両親などの詳しい情報が得られない場合や、飼育に特別な理解と技術が必要なケースもあるため、譲渡のメリットやデメリットを理解した上で検討しましょう。

保護犬・保護猫を迎えるという選択

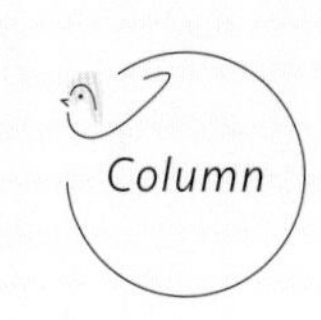

ここ数年で、ペットと出会う選択肢として認知されてきた「保護犬や保護猫を迎える」という方法。
興味はあるけれど、どうやって団体や施設を探したら良いかわからない人もいるのでは？
そこで、横浜市青葉区で保護猫カフェ『キズナ』を営む飯倉妃美子さんにお話を伺いました。

保護動物を預かる「譲渡」は社会貢献にもつながる

田園都市線「たまプラーザ」駅からほど近い場所にある『アトリエ&カフェ キズナ』は、障害者支援やグループホームの運営とともに、犬や猫、爬虫類や小動物の保護活動を行う施設。1階に保護猫カフェ、ドッグカフェを併設しており、現在約30頭の猫と15頭ほどの犬とふれあうことができます。

ここにいるのは、何らかの理由で行き場をなくし、オーナーの飯倉さんによって保護された犬や猫たち。保護猫カフェ、ドッグカフェでそれぞれ暮らしながら里親として飼い主が現れるのを待っています。

まず保護猫カフェに入ってみると、好奇心旺盛な数頭が近寄ってきて、クンクンとにおいチェック。遠目から様子を窺っている子もいますが、猫たちと距離を縮めるのにさほど時間はかかりません。撫でたり、抱っこしたり、話しかけたり。妙に懐いてくる子や、相性の良さを感じる子もいて、そんな出会いがあれば「譲渡」の希望を伝えて、手続きに入ることが可能です。飯倉さんとの面接や住まい状況の確認、一週間ほどのお試し飼育の期間を経て、問題がなければ無事に譲渡完了となります。

「譲渡後も、飼い主さんから動画や写真で経過報告していただくことがあるんです。カフェにいたときとは雰囲気が変わって、すっかり家猫になった姿を見ると『いい飼い主に出会えて良かったなぁ』と思いますね」と飯倉さん。

一方、ドッグカフェにはトイプードルやミニチュアダックスフントなど、血統種がいるのもこちらの特徴。ペットショップの倒産で引き取り手がない子や繁殖を引退した親犬などを引き取っているためで、血統種や小型犬を探している人にはいい出会いがあるかも。

カフェではドリンクを飲みながら、犬・猫たちと一緒の時間が過ごせます。保護猫、犬を飼うことを検討するとき、まずはこうしたキャットカフェ、ドッグカフェで動物たちとふれあってみることで、保護動物や譲渡への理解や学びが深まるはずです。ぜひ一度、足を運んでみてください。

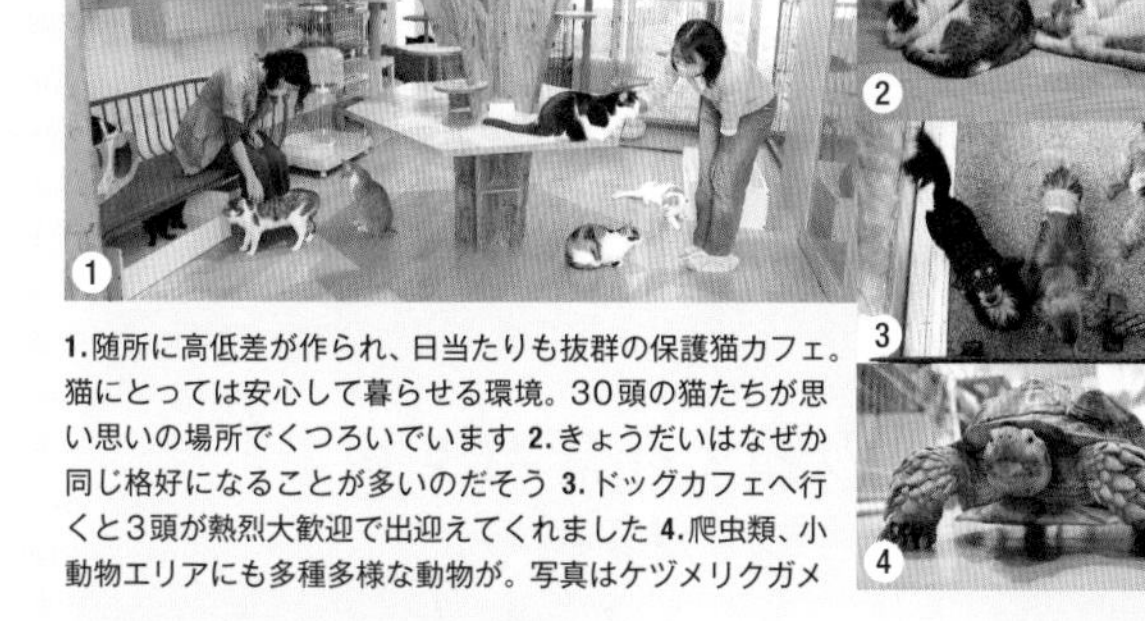

1.随所に高低差が作られ、日当たりも抜群の保護猫カフェ。猫にとっては安心して暮らせる環境。30頭の猫たちが思い思いの場所でくつろいでいます 2.きょうだいはなぜか同じ格好になることが多いのだそう 3.ドッグカフェへ行くと3頭が熱烈大歓迎で出迎えてくれました 4.爬虫類、小動物エリアにも多種多様な動物が。写真はケヅメリクガメ

(左)駅から徒歩3分と好アクセス。(右)動物飼育の知識や経験を幅広くもつオーナーの飯倉妃美子さん。

神奈川県横浜市青葉区新石川2-3-11
☎045-532-6465(保護猫カフェ)
☎045-532-6476(ドッグカフェ)
営業／11:00～17:30(16:30LO)

ビタミンママonlineでもっと詳しく!

譲渡の手順

STEP 1
アンケートによるヒアリング

引き取りたい猫、犬が決まったらアンケートに回答し、譲渡の条件などの説明を受けます。

STEP 2
住まいの環境確認

飼育育環境確認のため、飯倉さんが飼い主の自宅を訪問、あるいは動画で室内を確認します。

STEP 3
トライアル飼育(約1週間)

正式譲渡の前に、お試しの飼育期間を設けています。環境が変わることでストレスがかかっていたり、トラブルが起きた場合に返却できる期間でもあります。先住動物がいる場合も、お互いの様子を観察して相性が合いそうか確認できます。

STEP 4
譲渡契約

トライアル飼育で問題がなければ正式に譲渡となります。

 イラスト／MAKO

これから犬や猫を家族に迎える方へ

知っておきたい！ペット飼育の心得五か条

監修：夕やけの丘動物病院
渡辺英一郎院長

初めて犬や猫を飼育する時、事前にどのような準備をすべき？
気をつけなければいけないことは？　など、気になることは多いものです。
そこで、これからペット飼育を始めるにあたって、
知っておきたい知識、心構えをまとめてみました。

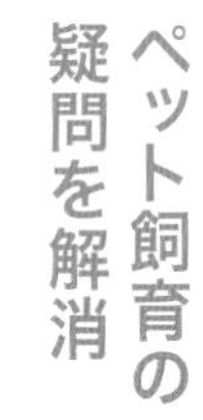

犬猫の寿命を考慮して、最期まで一緒に過ごすこと

まず、最も重要な心得として覚えておいていただきたいのがペットが最期の時を迎えるまで飼育をすること。自分がシニア世代に近づきつつあることで「ペットよりも自分の身体の方が心配」と思う気持ちもあるでしょう。ですが、シニア世代こそペットに癒されることで、心も体も元気になるのも本当です。大切なのはそれをサポートしてくれるホームドクターを探すことです。考慮すべきは、自分たちの年齢や体力はもちろん、飼いたいペットの寿命を把握すること。一般的に、犬や猫の場合、小型犬は14～15歳、大型犬は13歳程度、猫は15～16歳ですから、お家に迎える時は15年程度一緒に生活することを念頭に置き、準備を進めましょう。

ペット飼育にかかるコストを把握する

ペット飼育にかかるコストには、「経済的コスト」「体力的コスト」「時間的コスト」などがあります。経済的コストは、いわゆるペット飼育にかかる費用。食費はもちろん、ケージ、トイレの購入や暑さ・寒さ対策の際に発生する電気代、医療費やトリミング代など、ペットを飼うことで出費がどのくらい発生するのか事前に把握しておきましょう。また、犬であれば散歩の時間、生後間もない子を迎える場合は成長するまでのお世話期間、年老いたペットを介護する時間が確保できるかなどの「時間的コスト」、掃除や散歩などを自分たちで数年後もできるかどうかなどの「体力的コスト」も把握しておくと、あとから「やっぱり大変だった」「こんなにお金がかかるとは思わなかった」などのトラブルを抱えるリスクを減らすことができます。何か困ったことがあっても前向きに向き合い、ポジティブに解決することができるでしょう。

今どきのペット事情をキャッチアップする

現代のペット事情は日々進化し、情報もどんどん更新されています。一軒家で飼っているからと言って、ペットの音や鳴き声を気にせずに生活していると近隣の住民から嫌がられることもあります。育て方や散歩のマナーなど、ペット飼育の常識をキャッチアップして、ペットからも周りからも愛される飼い主を目指してください。

家族として迎え入れる体制づくりを行う

「ペットを飼いたい！」と思っているのは、家族の中で自分だけ…ということはありませんか？もし夫婦間で話し合いをしていなかったり、実は反対されているといったことがあれば、飼い始めてから揉める可能性も。夫婦間で意向を確認し合うのはもちろん、ペット飼育をしたいという意向を自分たち以外の子ども家族などにも話をしておき、困った時にサポートしてもらえる体制を作っておくと安心です。また、先住動物がいる場合は、その子の性格や年齢を考慮して、新しい子と引き合わせる「お試し期間」を作るなど最大限の配慮をしてあげることも忘れずに。

万が一の備えを忘れずに。保険や健診の検討を

自分たちが病気や入院などでペットの飼育ができなくなってしまった時、預け先やその後のペットの対処方法まで考えておくことも、シニア世代のペット飼育には必要なこと。こうした事態はできるだけ避けたいですが、万が一に備えてシミュレーションをしておくと、いざという時に慌てずに済むはず。また最近では、人間同様、ペットも予防医療や定期健診が一般的となっています。具合が悪くなってからでは治せるはずの病気が手遅れになることもあるため、普段から相談できるかかりつけ医をもつこともおすすめします。また病気が発覚すると、公的保険のない動物医療は費用がかさみます。大切な家族の一員であるペットの病気を、費用を気にせず治療するためにも、早めにペット保険に入っておくのもよいでしょう。

ペットの悩みはここに相談

夕やけの丘動物病院

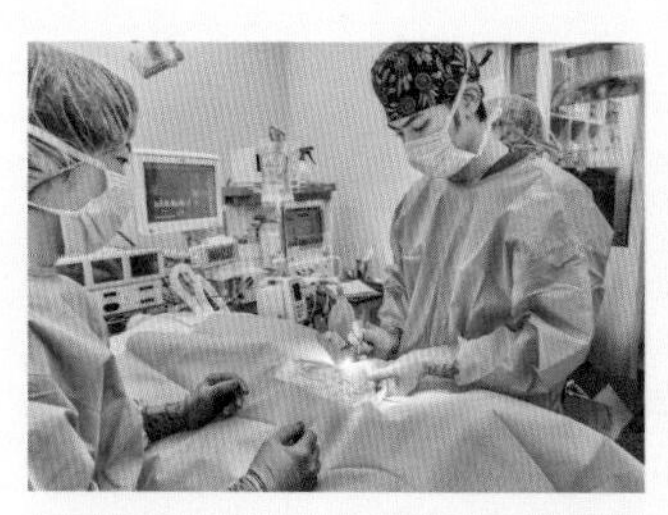

術後もスタッフがICU室を監視し、体温変化や酸素管理などを定期的にチェックしています

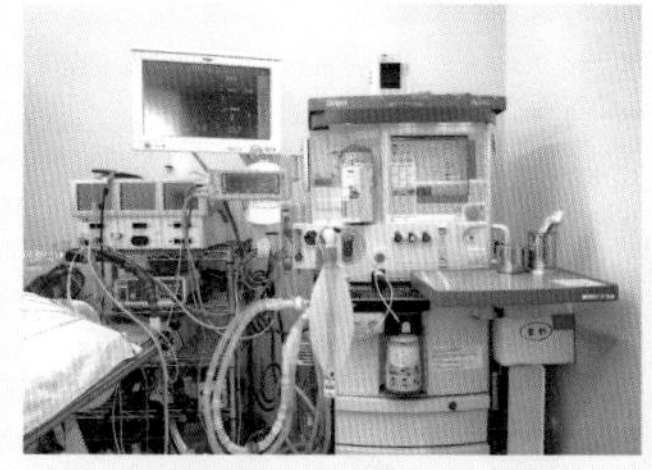

最新機器を完備した手術室。麻酔管理を徹底し、安全で適切な手術が行われます

動物整形外科の専門医伊澤先生。小型犬に多い脱臼や骨折など専門医ならではの深い知識を生かし、疾患に対する治療のオプションも豊富。安心しておまかせできます

院内の待合室は、広々とした吹き抜け空間。動物同士で適度な距離を置くことで、ストレスや負担をかけるリスクを軽減しています。清潔感のある明るい院内で、飼い主もリラックスして診察を待つことができます

横浜市青葉区市ケ尾町517-25
☎045-530-9100

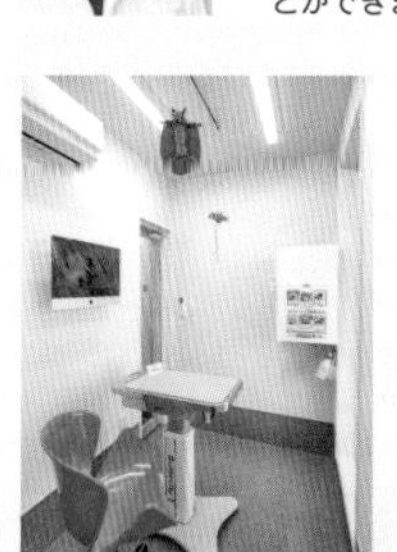

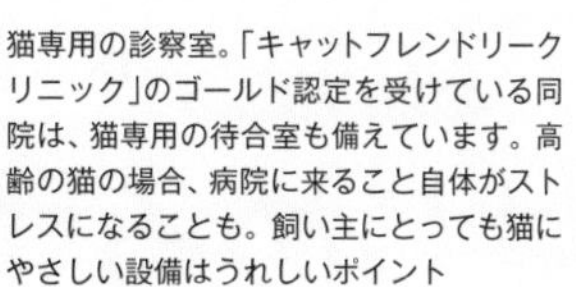

猫専用の診察室。「キャットフレンドリークリニック」のゴールド認定を受けている同院は、猫専用の待合室も備えています。高齢の猫の場合、病院に来ること自体がストレスになることも。飼い主にとっても猫にやさしい設備はうれしいポイント

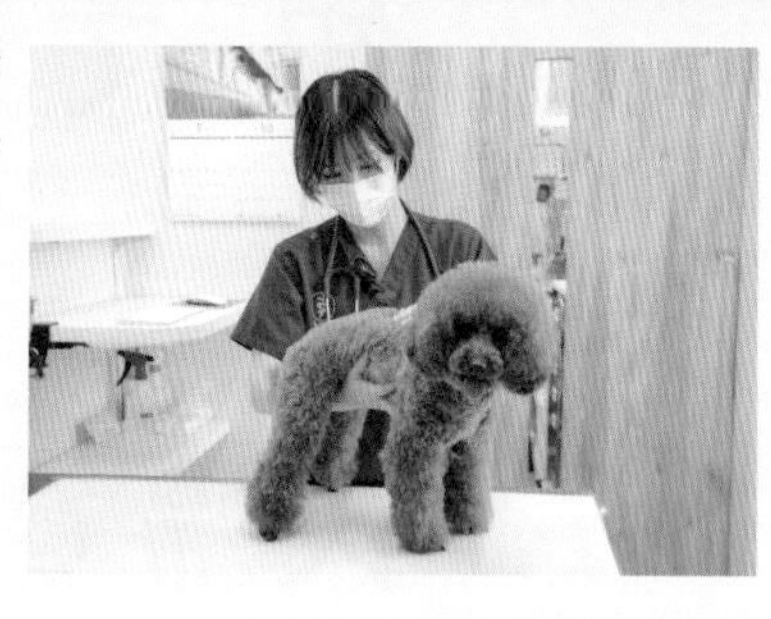

併設のトリミングサロンでは、施術ついでに健康チェックをしてもらうことも可能。老犬や疾患がある場合、トリミング自体が体の負担になることもあるため、状態をしっかり観察しながら行っています

定期健診&予防医療で大切なペットの健康管理を

ペットの寿命が伸びる傾向にある昨今は、ペットの健康管理も人間と同じように予防医療や定期的な健診が一般的になっています。かつては、「具合が悪くなったら連れて行く」場所だった動物病院は、今ではペットの健康状態を見守るホームドクターとして、飼い主をサポートしてくれる存在となっています。

そんな、飼い主にもペットにもやさしい医療とケアに力を入れているのが、横浜市青葉区にある「夕やけの丘動物病院」。院長の渡辺英一郎先生は、「『病気の予防』、『キャットフレンドリー』、そして『安全で適切な麻酔』という3つを大事にしています」と語ります。

ペットを病気から守るには、疾患の芽を早く見つけて、具合が悪くなる前に治療・ケアすることが何より大切。そのためにも、定期的な健康チェックや健康診断は欠かせません。その点、こちらの医院ではさまざまな健診メニューがあるほか、トリミングと合わせて健康チェックをしてもらうことも可能。

「年に一度はドッグドックを推奨しています。血液検査やエコー、レントゲンといった画像診断など、定期的に検査して確認しておくと安心です」と渡辺院長。また、「猫ちゃんの場合、家から外に出て病院に来ること自体がストレスになる子もいるので、うちでは猫専用の待合室、診察室を設けています」とも。こうしたペットや飼い主に配慮した設備・体制が整った医院なら、安心してペットの健康管理を任せることができそうです。

さらに、麻酔に関しても最新機器を導入し、麻酔に精通した医師が高精度の管理を徹底しています。これにより個体別に適切な麻酔を施せるだけでなく、高齢や心疾患のある犬や猫の手術も安全性を確保しながら実施できるのだとか。万が一疾患が見つかっても、ペットの安全を第一に考えてくれるホームドクターとなら前向きに治療にも臨めるはずです。

ペットを飼う前に信頼できるホームドクターを見つけておくことも準備のひとつと考え、一度病院選びについても検討してみてはいかがでしょうか。

人生最期のとき

いざというとき困らないために
知っておきたい「介護」のきほん

「まだ早い」が「はじめどき」
夫婦ではじめる「終活」のススメ

人生の最期は「家で迎える」のか「病院や施設で迎える」のか
「自宅で看取る」ということ

今だから考えておくべき

二人のこれから、

人生で避けては通れない終末のとき。
目を背けていても、ある日突然その日はやって来ます。
その日が来たとき、戸惑い、困らないために、
パートナーに迷惑をかけないように
元気な今だからこそ、考えておきたいトピックです。

いざというとき困らないために

知っておきたい「介護」のきほん

夫婦二人の幸せな生活は、お互いの健康があってこそ。
毎日元気に過ごせているうちはあまり考えていないかもしれません。
でも、人生で避けては通れないのがパートナー、あるいは両親の介護問題。
いつその日が来るか分からないのですから、元気なうちに
基本的なことを知っておくと、いざというとき安心です。

高齢化・介護の現実を知っておこう

高齢者の5人に1人は介護が必要とされています。

65歳以上の高齢者の人口は増加傾向にあり、令和3年時点で、その数3640万人。総人口における高齢者の割合は29.1%となっています。そのうち、要介護認定されている人は約681万人に及び、その高齢者の18.7%、5人に1人は介護が必要だということになります。

▽高齢者人口の推移

2010	2015	2021	2035
2941万人	3378万人	3640万人	3729万人

（厚生労働省「介護保険事業状況報告(年報)」参照）

要介護の要因は17.6%が認知症です。

▽ 介護が必要になった主な原因TOP3

1	認知症…17.6%
2	脳血管疾患(脳卒中)…16.1%
3	高齢による衰弱…12.8%
その他:骨折・転倒	

（「2019年 厚生労働省国民生活基礎調査の概況」参照）

介護が必要になる原因の約5割は、「認知症」「高齢による衰弱」「骨折・転倒」などの老化現象。病気そのものよりも、運動機能や脳機能の低下で、要介護状態になることが多そうです。

主な介護者は同居の家族。その23%が配偶者です。

介護者の多くは家族です。同居、別居を合わせれば、約70%は家族。中でも配偶者の割合が高くなります。介護をする配偶者も高齢のことが多く、老老介護が社会問題にもなっています。

▽介護者の内訳

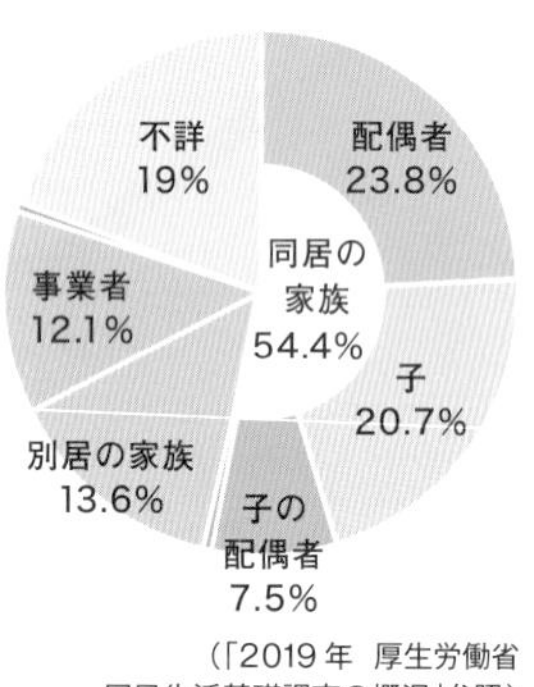

（「2019年 厚生労働省国民生活基礎調査の概況」参照）

介護で困ること

・介護の時間を確保するため、仕事を休む必要があるなど、介護者自身の生活がままならない。
・介護に専念すると家事がおろそかになる。　・介護の知識や技術がなく、戸惑うことが多い。

介護で介護者の生活が壊れないように、介護の知識を身につけ、戸惑わないようにしましょう。
そして、一人で抱え込まず、頼れる先を探すこと、相談できる人をもつことが大切です。

Point 2 介護保険制度について知っておこう

介護費用には介護保険が使えます。

介護保険は、介護にかかる費用を一部給付してくれる公的サービス。65歳以上で介護や支援を必要とする方（第1号被保険者）と40～64歳で介護や支援を必要とする方（第2号被保険者）がその給付対象です。第1号被保険者には、65歳の誕生日前に各市区町村から「介護保険被保険者証」が送付されます。

※ 40歳以上の人は、市区町村の介護保険に加入し、介護保険料を納付する義務があります。特別な理由なく介護保険料を滞納すると、介護サービスが受けられなくなることがありますので、きちんと納めておきましょう。

介護サービスって何？

要介護認定を受けた人が、介護保険に基づいて利用できるサービスのことです。介護保険でサービスを利用した場合、費用の一部は自己負担となります。現役なみの所得がある人は３割、一定以上の所得がある人は２割、それ以外の人は１割の負担です。

介護保険で利用できるサービス

自宅で利用する

- 訪問介護（ホームヘルプ）
  ヘルパーが訪問し、身体介護や家事援助※をする
- 訪問看護
- 訪問リハビリテーション
- 訪問入浴介護
- 居宅療養管理指導
  医師･歯科医師･薬剤師等が訪問し、療養指導する
- 夜間対応型訪問介護
  夜間の定期巡回や緊急時通報システム対応

施設に入所して利用する

- 介護老人福祉施設（特別養護老人ホーム）
  日常生活で常に介護が必要な人対象（要介護3以上）
- 介護老人保健施設
  急性期以降、在宅復帰に向けてリハビリする人対象
- 介護療養型医療施設
  急性期以降、長期の療養が必要な人対象
- 特定施設入居者生活介護
- 認知症対応型共同生活介護（グループホーム）
- 地域密着型介護老人福祉施設入所者生活介護
- 地域密着型特定施設入居者生活介護

施設に通って利用する

- 通所介護（デイサービス）
  施設に行き、入浴･食事等の支援や機能訓練等をする
- 認知症対応型通所介護
- 小規模多機能型居宅介護
  通いを中心に訪問や宿泊を組み合わせたサービス
- 通所リハビリテーション（デイケア）
- 短期入所生活介護（ショートステイ）
  特養などの施設に短期宿泊して介護･機能訓練等をする
- 短期入所療養介護（医療型ショートステイ）

生活環境を整える

- 福祉用具レンタル（車いす、特殊ベッド、移動用リフト、手すり、スロープ、歩行器など）
- 特定福祉用具購入費支給（腰かけ便座、入浴補助用具など）
- 住宅改修（手すりの取り付け、段差の解消、すべり防止のための床材･通路面の材料変更、洋式便器などへの取り換えなど）

※同居家族がいる場合は原則使用不可

Point 3 要介護認定と支給限度額

介護保険に基づく介護サービスを利用する場合、お住まいの市区町村で、実際に介護が必要な状態であるという認定を受ける必要があります。認定では、要支援1～要介護5までの区分に分類し、その区分によって給付額、利用できるサービスが異なります。

区分は、介護にかかる時間や手間などを数値化して客観的に判断します。

認定区分	心身の状態像	区分基準支給限度額（1か月当たり）
自立	日常生活は自分で行うことができる。介護保険の給付なし	なし
要支援1	日常生活は自分でできるが、要介護状態予防のため部分的な支援必要	約5～6万円
要支援2	日常生活はに支援が必要だが、要介護に至らずに機能が改善する可能性が高い	約11～12万円
要介護1	立ち上がりや歩行が不安定、加えて認知機能の低下によって日常、排泄や入浴などに部分的介助が必要	約17～19万円
要介護2	自力での立ち上がりや歩行が困難。排泄、入浴などに一部、または全介助が必要	約20～22万円
要介護3	立ち上がりや歩行が自力ではできない。排泄、入浴、衣服の着脱など、全面的な介助が必要。	約27～30万円
要介護4	排泄、入浴、衣服の着脱など日常生活全般において全面的介助が必要。日常生活能力の低下が見られる	約31～35万円
要介護5	日常生活全般で全面的な介助が必要であり、意思の伝達も困難	約36～40万円

区分には「自立」「要支援」「要介護」の３段階あり、それぞれさらに細かく分類されています。「自立」と認定された人は、介護サービスは不要との判断で、介護保険は給付されません。「要支援」は、基本的に１人で生活可能とされ、部分的に介助が必要と認められます。「要支援」と「要介護」では利用できるサービスも給付額も違います。「要支援」で利用できるのは「介護予防サービス」で、これは「要介護になるのを予防する」ことを目的としています。
介護認定には期限があり、定期的に再認定して更新する必要があります。原則として新規申請の場合６カ月、更新認定の場合、対象者の状況に合わせ認定審査会が判断し、12カ月での更新になります（ただし、市区町村が必要と認める場合は、３～48カ月の間で、市区町村が定める期間）。

Point 4 要介護区分ごとの支給限度額

介護保険サービスは、要介護度に応じて利用限度額が決められています。地域によっても異なりますが、おおむね上記表のとおりです。この金額の範囲内で介護サービスが利用でき、そのうち１～３割分は自己負担になります（負担割合は所得による）。この金額を超えてサービスを利用する場合は、全額自己負担です。

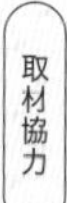

ニチイ学館

在宅系（訪問介護・通所介護等）から居住系（有料老人ホーム、グループホーム等）に至るトータル介護サービスを全国に展開しています。

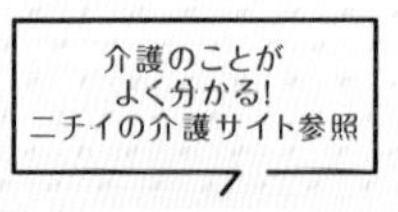

介護について困ったら

0120-605025（年中無休24時間）

webでの
お問い合わせは
こちらから

お問い合わせいただきましたら、担当エリアの事業所におつなぎします

Point 5 介護保険サービスを利用するまでの流れ

介護が必要な状況が発生!

物忘れが激しい、転倒することが増えた等「何かおかしいな?」と思うこと、困ることがあったら介護について考えるタイミング。

まずは相談!

一人で抱え込まず、主治医の先生や介護経験のあるお友だちやお住まいの市区町村の窓口に相談してみましょう。

要介護認定の申請

市区町村の窓口や地域包括支援センターで申請。必要なもの(申請は無料)

- 申請書
- マイナンバーカード
- 介護保険被保険者証
- 主治医の名前、医療機関名

※地域の居住介護支援事業所等に申請の代行をしてもらうこともできる。

認定調査･主治医意見書作成

認定調査員の訪問調査を受けます。伝えたいことはメモしておきましょう。主治医の意見書を作成します。これは市区町村が直接医師に依頼します。かかりつけ医がない場合は市区町村の指定医が診察し、作成します。

介護認定審査会

専門家の会議でどのくらい介護が必要かなどを判定します。結果は原則、申請日から30日以内に通知されます。

認定結果通知

「要介護」「要支援」と認定されると対象のサービスを利用することができます。認定区分を確認し、支援センターもしくは事業所へ連絡しましょう。

自立 → 基本チェックリストによる事業対象者の判定

対象者に判定された人は、介護予防・生活支援サービス事業を利用できる

要支援1／要支援2 → 介護予防サービスを利用

地域包括支援センターで介護予防ケアプランを作成。

↓

希望のサービス事業者と契約。

要介護1／要介護2／要介護3／要介護4／要介護5 → タイプを選択

〈自宅での介護を希望する方〉

在宅介護

主治医の先生やお住まいの市区町村の窓口で支援事業所を紹介してもらいましょう。

↓

居宅介護事業所を選定し、担当のケアマネジャーがケアプランを作成。

↓

希望のサービス事業者と契約。

※ケアマネジャーにかかる費用は全額介護保険から支払われ、自己負担なし

〈施設に住み替えて暮らしたい方〉

施設入所

希望の施設を選定し見学。施設情報は地域包括センターなどで入手できる。

↓

希望の施設に入所を申し込む。特養は原則「要介護3」以上対象。その他の施設は直接施設に申し込む。

↓

希望の事業者と契約。

人生の最期は「家で迎える」のか「病院や施設で迎える」のか

「自宅で看取る」ということ

かつては、家族の死を自宅で看取るのはごく当たり前のことでした。
しかし、次第に病院で亡くなる人の割合が増え、2020年にはその数約7割にのぼるといわれます。
ですが近年、人生の最期は住み慣れた自宅で迎えたい、愛する家族に見守られて逝きたい、
病院で余計な延命治療を施してほしくないなどの理由から、
「最期は家で」と希望する人の割合が年々増加傾向にあるといわれています。
そこで「自宅で最期を迎える」とはどういうことか、患者さん本人、そしてそれを支える家族は、
何に気をつけ、どんな心構えをするべきかなどについて、長年在宅医として訪問診療を行い、
地域医療に貢献し続けている港北ニュータウン診療所の院長、神山一行先生にお話を伺いました。

お話を伺ったのは

港北ニュータウン診療所

院長 神山（かみやま） 一行（かずゆき）先生

クリニックの詳細はビタミンママonlineで

※ 118ページも併せてご覧ください。

患者さんも家族も支える在宅医という存在

私は在宅医療を行う医師（以下、在宅医）として、通院できない患者さんの自宅に訪問して診療を行っています。余命わずかという方の最期にも数多く立ち会ってきました。診療の際は常にACP（アドバンス・ケア・プランニング）に基いて、最期の迎え方についてご本人やご家族としっかりお話しし、寄り添う医療を心掛けています。痛みのコントロールをはじめ、さまざまな苦痛を軽減し、患者さんが安らかな最期を迎えられるようお手伝いするのが在宅医のひとつの使命だと考えています。

同時に、ご家族のケアも大切にしています。コロナ禍で、病院や施設では、たとえ患者さんが危篤になったとしても家族でさえ一切面会禁止という期間が長く続きました。ご主人が末期がんで入院中のあるご夫婦は、長年連れ添ったご主人の最期に立ち会えないのはつらいという奥様の希望で在宅医療に切り替えられました。すごく献身的に看病をされる奥様で、それはとても素敵なことですが、私は常に「一人で頑張りすぎないで」「無理は禁物」とお伝えし続けました。末期がんでも、いつ最期が来るのかは分かりません。3日後かもしれないし、6カ月後かもしれません。「最期は手を握って見送りたい」との気持ちはわかりますが、看病する側が倒れては本末転倒です。ご自宅で看取るには、私のような在宅医や訪問看護師、介護を担当してくれるスタッフ、そして、お子さんなど、周囲の人たちのサポートが不可欠であることを覚えておいてください。

そもそも「自宅で看取る」とは？

自宅での看取りには在宅医などかかりつけ医の存在が重要になります。たとえば、高血圧で近所のクリニックで定期的に薬をもらっていたご主人が、朝起こしに行ったら亡くなっていたとします。この場合、状態によっては異常死とみなされ、警察への連絡が必要となります。一方、がんの治療で入院していたご主人が、在宅医療を選択して家に

在宅介護はチームプレー

デイケア・
デイサービス
福祉用具
（レンタルなど）
ケアマネジャー
在宅医
患者さん
訪問介護員
（ヘルパー）
訪問薬剤師
リハビリ
訪問看護師

自宅での最期を希望する場合、医師による訪問診療が必要です。訪問診療の対象となるのは、一人では通院できない人。年齢や疾患、介護度には関係なく、高齢で足腰が悪い、認知症がある、車椅子を利用している、病気やけがの後遺症がある、在宅酸素を利用しているといった場合に利用が可能です。

訪問はひと月に2回が基本で、夜中に熱が出た、転倒したなど、急な対処が必要となった場合、患者さん本人や家族から要請があれば365日24時間体制で往診を行ってくれます。

港北ニュータウン診療所への訪問診療の依頼は、その約20％が病院から、約70％は介護プランを担うケアマネジャーからの紹介で、残りの10％が家族からなのだとか。訪問診療が必要になったら、ケアマネジャーを通して依頼ができるということを頭に入れておき、ケアマネジャーが在籍する地域の包括支援センターがどこにあるのかを知っておくといいでしょう。

「自宅での看取り」は一人ではできません。在宅医、訪問看護師、訪問薬剤師、ケアマネジャー、介護福祉士、さらに福祉用具のレンタルやショートステイ、リハビリを担当してくれるスタッフなど、多くのプロフェッショナルがチームとなって患者さんを支えてくれるからこそできること。ですから、もし自宅で配偶者の看護や介護をする立場になったときは、「自分も信頼できるチームの一員になる」くらいの意識をもって、困ったら遠慮せず誰かに頼ることが大切です。

訪問診療とは?

戻ったあと、ご自宅で亡くなられたとします。この場合は、在宅医である私に連絡が来てご自宅に訪問し、死亡診断書を書きます。訪問診療で定期的に診療を行っているという関係があれば、最期の瞬間に私が立ち会えなかったとしても、死亡診断書を書くことができるのです。ご家族が最期の「看取り」を憂いなく行えるよう、我々在宅医がお手伝いできればと思います。

一人一人に寄り添うのが在宅医療

病院での治療は「エビデンス・ベイスト・メディスン（EBM：Evidence Based Medicine）」、在宅医療はそれに加えて「ナラティブ・ベイスト・メディスン（NBM：Narrative Based Medicine）」と言われます。意味は、前者が「医学的根拠に基づいた医療」、後者は「その人の物語に寄り添った医療」。たとえば、病院で胃がんと診断され、抗がん剤治療をすれば寿命が延びると説明されたとします。患者さんは、抗がん剤治療をすれば入院や頻回な通院が必要になり、さらに副作用で元気がなくなるかもしれないと考え、残された元気な時間を家族と過ごしたいと治療しないことを選択したとします。このとき、本人の選択を尊重し、「そうだね、いいと思いますよ」と同意してあげるのが在宅医の役割だと思っています。

私が「看取り」のお手伝いをした患者さんに、設計士の方がいました。ご自分で設計した家の建築途中に倒れて入院してしまったのですが、「どうしても完成した家で最期を迎えたい」と。急いで手続きをしてご自宅に戻られ、最期はとても安らかなお顔だったのを覚えています。100人の患者さんがいれば100通りのストーリーがありますから、それぞれの人生に寄り添いつつ、在宅医として皆さまのお役に立ちたいと考えています。

「まだ早い」が「はじめどき」

夫婦ではじめる「終活」のススメ

「終活」と聞いて、「自分たちにはまだ早い」と感じる方も多いかもしれません。
でも、いざというときパートナーに迷惑をかけないために、あるいは別離のときに後悔のないように、
お互い元気で、まだ現実感がない今こそ、軽い気持ちで準備し始めるのがいいのかもしれません。
そこで、「終活に早過ぎることはない」という一般社団法人終活カウンセラー協会代表理事の武藤頼胡さんに、
夫婦ではじめる終活のコツを伺いました。

Q 終活とはどんな活動ですか？

Ⓐ **終活とは、「人生の終焉を考えることで、自分を見つめ、今よりも良く、自分らしく生きる活動」です。**

100歳が長寿だと珍しがられた時代は終わり、30年後には100歳以上の人口は53万人にのぼると予想されています。老後の不安をひとつひとつ具体的に可視化して、解決方法を探ることも終活といえます。

Q いつ、何から始めればいいのでしょうか。

Ⓐ **終活のスタートに早すぎることはありません。まずは終活で考えるべき項目をまとめ「エンディングノート」を記入することから始めましょう。**

病気や介護など、何か起こってからでは余裕をもって将来を考えることが難しくなります。ぜひ今日から終活をはじめてください。

終活カウンセラー協会の発行するエンディングノート「マイ・ウェイ」には、これまでの自分を年代順に見つめ直す項目があり、これからの人生をどんな自分で生きていきたいかを考えるきっかけになります。記入することで、自分の意外な個性に気づいたり、忘れていた夢を思い出したり。お金のことやお葬式・お墓などに関する項目もありますから、手続きが必要なことについても整理できます。法的な効力はありませんが、遺言書作成の際にも役立ちますよ。

月日とともに人の考えや置かれている状況は変わりますから、定期的にエンディングノートを更新しましょう。また、誰に宛てて記入するかでも内容は変わってきます。夫や妻、子ども各々に向けて書き分けてもいいでしょう。

エンディングノート「マイ・ウェイ」

Q 終活に関わる手続きあれこれ、まず取り掛かるべき項目は？

Ⓐ **まずは資産や老後資金などの「お金」や「保険」、「葬儀」、「お墓」のことについて確認してみましょう。**

お金のこと

財産整理・生前贈与
自分の所有物をリスト化し、自分にとっての要・不要を選択する。

老後資金の見直し
公的年金額の確認や不足資金の準備を。

医療保険や介護保険の確認
医療保険や介護保険の見直しを。受取人が誰になっているかなどしっかり確認。

葬儀のこと

葬儀会社の選択
話しやすい担当者のいる会社など、自分や家族と合いそうな葬儀社を選ぶ。

生前見積もりを依頼する
数社から自分の希望の葬儀プランで見積もりをとってみる。

お墓のこと

先祖のお墓の「これから」を考える
承継者がいない、遠方で手入れやお墓参りができない場合、墓じまいの検討を。

自分のお墓の希望を明確にする
墓地、合祀墓、散骨など、希望する埋葬方法を検討し、見学などを行う。

Q 終活を進める上で大切なことは何ですか？

A 「終活に大切な10カ条」を参考に。

① 「ありがとう」を伝えたい人をリストアップ

今までお世話になった人、お世話した人など、大切な人を書き出し、感謝の気持ちを改めて思い出してみましょう。

② 年に一度、健康診断に行き自分の体を知る

健診のために最低でも年に一度、できれば定期的に病院へ行く意識をもち、健康維持を心掛けましょう。

③ 過去に住んだ場所など愛着のある土地を洗い出す

土地から人生を振り返り、ここで誰と、何をして、何を考えて過ごしていたか思い出してみましょう。

④ 自分のお金、物の現状を把握する

複数ある預金口座、クレジットカード、生命保険証券など、自分の財産を把握するために持ち物を書き出し、整理しましょう。

⑤ 家族、大切な人と1日3回以上会話する

「社会とのつながりを持つこと」は長寿に影響を与えるという研究結果も。何気ない日常会話の中から、相手の願いや思いを読み取りましょう。

⑥ 自分の個性を書き出してみる

自分が何に喜びを得て、何に悲しみを感じるのか、自分らしさや個性とは何か。未来に向けて、個性をどう生かせるか考えてみましょう。

⑦ 「今」そして「未来」の人生に必要なものを選ぶ

物は捨てるのではなく、選ぶもの。未来に思い描いた自分に、それらが必要かどうか選別しましょう。

⑧ お葬式、お墓は自分の未来のこと。元気なうちに考える

縁起でもないという考えは過去のもの。お葬式もお墓も自分の未来の一部として決めておくことが必要。元気なうちに取り組みましょう。

⑨ 毎年誕生日にエンディングノートを書く

人生が続けば、状況も気持ちも日々変わって行くもの。気軽な気持ちで誕生日ごとに更新していきましょう。

⑩ 生きているうちに大切な人に「ありがとう」を伝える

生きているからこそ、本人に直接会って「ありがとう」の気持ちが伝えられます。後悔のないように伝えましょう。

Q 夫婦で終活をはじめる場合、スムーズに進めるコツは？

A まずは自分が率先してエンディングノートに取り組んで。相手と出会い直す気持ちで会話する、そのやりとりも終活の一環です。

ご夫婦で終活を進めることで、お互いの興味関心を共有できます。健康長寿に一番必要なのは「社会とのつながり」だといわれますから、共通の趣味をもつきっかけ作りにも、終活は最適です。

どちらかが主導して進める場合、まずご自身がエンディングノートを記入してみましょう。真剣に取り組んでいれば相手が興味をもつきっかけになります。続いて、日常の些細な会話から、思い出話や相手の考えなどを意識して聞き取るようにしてください。いつもなら聞き流していた会話から、相手の「これまで」や「これから」が見えてきます。

これまでたくさんの方の終活をお手伝いしてきて感じるのは、最終的に残されたご家族が一番分からなくて困るのは「故人が本当はどんな人間だったのか」ということです。葬儀ひとつとっても、故人の思いを反映できたかどうか分からず、「もっといろんな話をしておけば良かった」と悔やまれる例が多くあります。難しく考えず、まずは大切な人に自分のことを伝え、大切な人の思いを知るところからはじめてみてください。

お話を伺ったのは

一般社団法人
終活カウンセラー協会

代表理事 武藤 頼胡（むとう よりこ）さん

終活カウンセラーの生みの親。全国の包括センター（行政）などでの講演は年間120回以上。日本の高齢者を元気にする活動に励む。メディアへの掲載多数。

一般社団法人 終活カウンセラー協会

終活の普及を通じて、超高齢社会をいきいきと生きる社会の実現を目指す同協会では、「終活カウンセラー」の育成のための講座や検定試験を実施。オンラインや対面での講座や電話・メールで終活に関する悩み相談も。

◀終活相談ドットコム

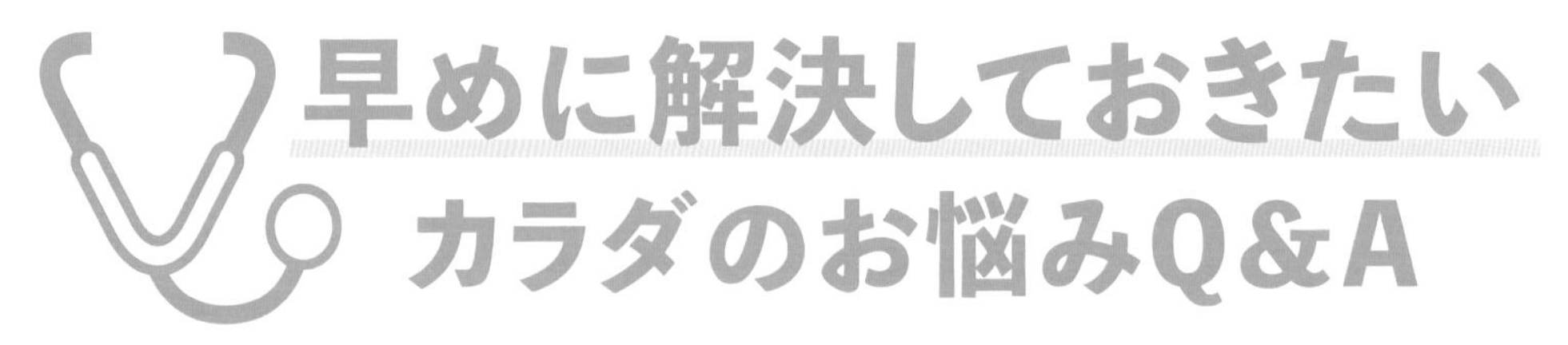

早めに解決しておきたい カラダのお悩みQ&A

30代、40代、50代と、年齢を重ねるごとに、体力が衰えたり、何かしらの不調や見た目の変化が生じたりと、気になるカラダのお悩みが出てきます。

そこで地域に根差した医療を提供し続ける20人のお医者さんに、30代以降の男女が抱えるカラダのお悩みについて話を伺いました。

この記事を参考に、お悩みが深刻な方は、今すぐ近くのお医者さんに相談しましょう。

信頼できるお医者さん

呼吸器内科

お悩み　熱もないのに咳だけが２週間以上、続いています。

1. 風邪が原因の咳は２週間以上も続かない なるべく早く呼吸器内科へ

咳が長引いても「風邪が治っていないのかな」と思いがちですが、風邪で２週間以上咳が止まらないということはまずありません。なぜなら風邪の原因はウイルスや細菌で、これらは体内で２週間も生きられないからです。長引く咳の疾患はいろいろありますが、初めに風邪をひいていたなら感染後咳嗽（かんせんごがいそう）、そうでなければ、咳が主体の喘息、後鼻漏症候群、GERD（胃食道逆流症）などが考えられます。咳が止まらない場合は、なるべく早めに呼吸器内科を受診して、適切な治療を受けましょう。

2. さまざまな検査で原因を特定し、確実な治療を 問診が重要な手掛かりに

咳はほこりやウイルス、細菌などに対する一種の防御反応です。また、気道に炎症が生じたり、気道にたまった痰を出したりするときも咳が出ます。長引く咳の治療には、原因を特定し、確実に治療を行うことが大切です。当院では、問診や聴診、呼気NO検査、呼吸機能検査、必要に応じて胸部レントゲン検査や採血検査などを行い、総合的に診断します。問診が病気を見つける重要な手掛かりになることもあるので、①いつから　②咳が出る時間帯　③咳が出るタイミング　④その他の症状などをメモして受診するのも良いでしょう。

3. 空気の乾燥は咳の大敵 室内の湿度を十分に保ち こまめな水分補給を！

乾燥した空気は気道の粘膜を刺激するので、加湿器や濡れたタオルを部屋干しするなどして、室内の湿度を十分に保ちましょう。また喉が乾燥すると、気管支の粘膜が敏感になって咳が出やすくなるため、こまめな水分補給も大切です。市販の風邪薬や咳止め薬を服用しても構いませんが、市販薬は一時的に症状を抑え、体の負担を軽くするものであって、治療薬ではありません。３～５日服用しても効果がないと感じたときは、医師の診断を受けることをおすすめします。

ビタミンママonlineでもっと詳しく！

在宅療養支援 診療所

きくち内科

●内科　●呼吸器内科　●アレルギー科

045-532-5941

横浜市青葉区市ケ尾町 1167-1 ラバープル昌和 1F

お答えいただいたのは…

きくち内科

院長 **菊池 敏樹**（きくち としき）先生

副院長 **菊池 葉子**（きくち ようこ）先生

Profile

院長　菊池 敏樹先生
日本呼吸器学会認定呼吸器専門医、日本アレルギー学会認定アレルギー専門医（内科）

Clinic information

医師夫婦の強力タッグでプライマリーケアを実践

高度な専門治療と予防医療在宅診療まで幅広くサポート

２０１０年の開院以来、院長の菊池敏樹先生と副院長の葉子先生のご夫婦が二人三脚で診療にあたっています。敏樹先生は呼吸器とアレルギー疾患治療のエキスパート。昭和大学藤が丘病院で呼吸器やアレルギー疾患の治療、院内感染対策、救急医療に長年携わってきた経験を生かし、長引く咳や喘息などに悩む多くの患者さんを支えています。一方の葉子先生は横浜市保健行政医師や産業医、校医としても活動している予防医療のスペシャリスト。穏やかな口調で、生活習慣病などに悩む患者さんの心をリラックスさせながら診療にあたります。

また、地域の高齢化を受けて、通院歴があり健康状態を把握した患者さんに限り、在宅医療にも対応。地域の方々にとってなくてはならない存在です。

院内の動線を分け、患者さんを感染症からガード

徹底した院内感染症対策を行っていることも大きな特長です。待合室、診察室、会計、出口を２カ所ずつ設け、「定期的な通院の方」と「急性経過の風邪症状・発熱・胃腸炎症状のある方」の専用エリアを設置。それぞれの動線を完全に分けることで、同じ時間枠での一般外来と発熱外来の診察を可能にしました。また、新型コロナウイルスのワクチン接種の時間帯には、風邪や発熱症状の方の受付や診察は行わない、ＰＣＲ検査は午前の診察終了後に検査専用スペースで行うなど、患者さんにとって安心・安全な環境を整えています。

大きな窓があり、明るい待合室。フリーWi-Fiを設置しており、無料でインターネットが利用できます

風邪や発熱などの症状のある方の待合室。リモートで昇降するパーティションがあり、空間を分けることができます

セルフレジがあり、会計時の接触を避けることが可能。クレジットカードなどのキャッシュレス決済にも対応しています

気管支の炎症の状態を確かめるための検査機器（呼気NO検査機器）。喘息や止まらない咳などの診断に役立ちます

ビタママ Topics

健診や検診で健康状態をしっかりチェック

病気になってから治療するのではなく、病気にならないようにする「予防医療」に注力しています。生活習慣病を予防・改善する「特定健康診査」を受ける患者さんは、毎月40人以上もいるそう。また、横浜市健康診査、PSA検査、大腸がん検診、肺がん検診などにも対応。同院で受けた健診や検診の結果の保健指導はもちろん、他院で受けた結果の説明やフォローアップにも丁寧に応じてもらえると評判です（写真は健診専用の診察室）。

内科

お悩み　腰の左側に痛みがあるのですが、何科を受診すればよいでしょうか？

1. 原因は筋肉や神経の炎症や異常などさまざま。まずは内科にいきましょう

腰痛は大きく分けて2つの原因が考えられます。ひとつは腰椎や腰まわりの神経や筋肉の、炎症や異常によるもの。もうひとつは内臓の疾患によるものです。このほか、生活習慣や強いストレスなど心理的な要因で痛みが起こることもあります。何科に行けばいいのか分からない場合や、腰痛以外の症状も併発している場合は、まず内科を受診してください。当院では、症状や状態に応じて尿検査や採血検査、超音波検査、レントゲン検査などを行い、その結果ほかの科で治療が必要な場合はすぐに連携し、ご紹介します。

2. 内臓からくる腰痛で疑われるさまざまな疾患 腎結石は女性にも!?

腰痛の原因が内臓の場合、消化管系、腎臓系のほか、婦人科系の病気の疑いがあります。食生活や生活様式の欧米化から増加傾向にある「腎結石」もそのひとつ。男性の病気と考えられがちですが、女性がかかることもあり、肥満、高血圧、糖尿病、高脂血症の方は発症しやすい傾向にあります。女性で最も多いのは、子宮や卵巣の病気による痛みで、子宮内膜症や子宮がん、卵巣のう腫などがあげられます。また、40～50歳代は、更年期による女性ホルモンのバランスの乱れに起因するというケースもあります。

3. 痛みの状態を医師にしっかり伝えることが適切な治療につながる

痛みの原因を探り、的確な治療を受けるには、医師に自分の痛みの状態をうまく伝えることが大切です。また、以下を参考に、腰痛以外の体の状態もできるだけ詳しく伝えることで、原因をより特定しやすくなります。

①いつから②どこが③痛みのレベル（一番強い痛みを10とすると、今はどれくらいのレベルか）④どんな痛みなのか（きゅーっと痛い、しくしく痛いなど）⑤どんなときに⑥その他の症状⑦日常生活への影響（痛くて眠れない、痛くて食欲がない）などをメモして受診するのも良いでしょう。

お答えいただいたのは…

葛が谷つばさクリニック
院長 長田（おさだ） 展明（のぶあき）先生

Profile
医学博士

在宅療養支援 診療所
葛が谷つばさクリニック
●内科 ●外科 ●小児科 ●消化器内科 ●呼吸器内科
●循環器内科 ●アレルギー科 ●皮膚科 ●形成外科
045-945-2772
横浜市都筑区葛が谷 4-14 ベルデセゾン1F

Clinic information

高い専門性を持つ５名の医師が地域の健康をサポート

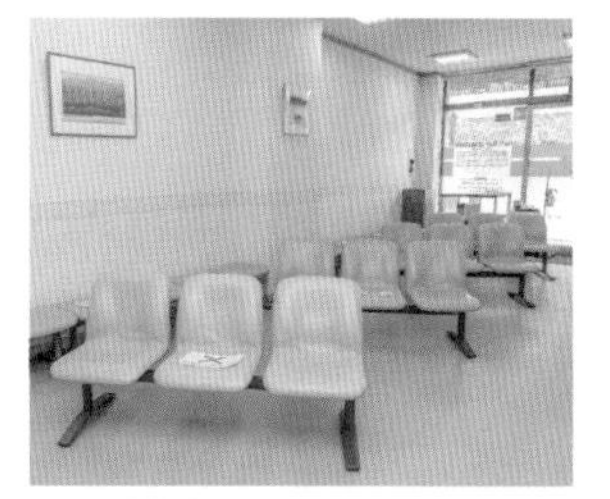

明るく開放感のある待合室。常駐する「患者さま係」は、親が診察中の子どもの遊び相手になってくれることも

小児科を担当する京田先生（写真左）と大塚先生（写真右）。喘息のコントロールや舌下免疫療法にも力を入れています

山根先生は京都府立医科大学の教授も務めた乳腺のスペシャリスト。乳房に関するさまざまな悩みに対応しています

皮膚科と形成外科を担当する庄司先生。同年代の女性として、悩みの相談にも気軽に応じています

５人の専門医が密に連携し幅広く高度な医療を提供

内科、小児科に加えて、乳腺外来、形成外科、皮膚科の専門医を招き、地域医療を支える葛が谷つばさクリニック。院長の長田展明先生の専門は消化器内科で、定評のある内視鏡検査は小さな病変を見逃さないのはもちろん、検査の際に静脈麻酔を用いるため、喉への違和感やつらさがほとんどありません。丁寧に診ることをモットーに、内視鏡検査は1日1人限定の予約制です。

月1回の乳腺専門外来はベテランの山根越夫先生が担当。乳がん検査ではエコーを用いて早期発見に努めます。皮膚科と形成外科を担当するのは庄司真美先生。「早く、きれいに」をモットーとした適切な治療とその後のケアに丁寧に対応します。さらに小児科は長田院長とともに、アレルギーをはじめとする小児医療全般に対応する京田学是（たかよし）先生と大塚康平先生が担当。これにより土日の小児診療が可能になりました。

丁寧な説明で納得の治療患者さま係もサポート

長田院長をはじめとする５人の先生が大切にしているのが、インフォームドコンセントです。コミュニケーションを密にとり、丁寧な説明をすることで、患者さん自身が病気を理解し、納得した上で治療に臨めます。この方針を支えるのが「患者さま係」です。待合室に常駐し、診察中に聞き忘れたこと、薬や検査内容などの相談に応じてくれます。患者さま係は、院内で定期的に行われる勉強会で最新の医療知識や患者さんへの対応方法を学んでいるので、安心して相談できると好評です。

ピタママ Topics

最低努力で最大効果を！「ダイエット外来」

「未病」に力を入れている葛が谷つばさクリニック。その一環として「ダイエット外来（予約制）」をスタートしました。「筋肉があれば、たいていの慢性疾患は治る！」を合言葉に、食事と運動、必要に応じて薬の力も借りて、無理せず楽しみながらダイエットを目指すもので、体重の減少はもちろん、高血圧や血糖値、コレステロール値、尿酸の改善も期待できます。院長自身も１年前から取り組み、きつくなったスーツが着られるようになったそうです。

呼吸器内科

お悩み　咳がずっと続いています。ときどき息苦しさを感じることもあり心配です。

1. 自己判断は禁物！軽視しがちな咳の症状は放置せず早期治療を

咳が２週間以上続き、夜間に症状がひどくなる場合、まず疑われるのは「ぜんそく」です。「ゼーゼー、ヒューヒュー」と喉が鳴る喘鳴（ぜんめい）や呼吸困難などの症状を伴う「気管支ぜんそく」、咳が続く「咳ぜんそく」の可能性も。「咳ぜんそく」は治りますが、放置すると３割以上の人が気管支ぜんそくに移行し、生涯に渡って治療が必要となります。長引く咳は、肺ガンや結核、肺炎、心不全など重篤な病の兆候でもあり、特に40歳以上の9%が該当する「慢性閉塞性肺疾患（COPD）」の場合も。なるべく早く受診しましょう。

2. 子どもだけでなく成人にも増加傾向の「気管支ぜんそく」とは？

気管支ぜんそくは大人の発症も多く、気管支の炎症による日常的な息苦しさや咳、特定の要因が引き金となり、気管支が急激に縮むこと（気管支狭搾）で呼吸が苦しくなる発作を伴います。治癒が難しい「慢性疾患」のため、症状をコントロールする治療を行います。気管支狭搾を起こす要因は、風邪、アレルギー、ストレス、食品添加物、天候による影響など多岐に渡ります。長期間放置すると、気道が線維化し硬くなる「リモデリング」を引き起こし、薬の効果が出づらくなり、重症化してしまうリスクが倍増します。

3. 治療の中断はご法度！患者と医師「二人三脚」で継続治療していくことが大切

治療は、気管支の炎症を鎮める長期的な治療と、発作に対応する治療を並行して行い、吸入薬などを使用するのが一般的です。即効性があり効果も高い新薬も登場しています。そのほか、生物学的製剤（注射）による治療は効果が非常に高く、ステロイドを含む吸入薬の量や継続使用を抑えられるのが利点です。高額ではありますが、医療費控除などを利用して費用を抑える方法もあります。ぜんそくは患者さんによって症状も原因も異なります。一人一人にあった治療を見極めることが何より重要です。

コスギコモンズクリニック

●内科　●呼吸器内科　●脳神経外科

044-722-5550

川崎市中原区小杉町 2-228-1
パークシティ武蔵小杉 ザ ガーデンコスギコモンズ　ウエスト1F

お答えいただいたのは…

コスギコモンズクリニック
院長 高木（たかき） 誠（まこと）先生

Profile

日本内科学会認定総合内科専門医、日本呼吸器学会認定呼吸器専門医、日本救急医学会認定救急科専門医、日本集中治療医学会認定集中治療専門医、日本感染症学認定感染制御ドクター（ICD）

Clinic information

救急救命医の経験が生きる確かな問診力と診断力

高度な医療機器での検査が短い待ち時間で受診可能

高度救命救急センターでの勤務経験から、科にとらわれない「総合的な診療」を行う院長の髙木先生を含む総合内科専門医2名、脳外科専門医3名で診療に当たるコスギコモンズクリニック。全身CTスキャン、超音波検査機器や上部内視鏡、デジタルレントゲンなどの高度な医療機器がそろい、大学病院と同レベルの検査が短い待ち時間で受けられます。

患者さんの声をくみ取り的確な診断につなげる

総合内科のほか、呼吸器内科・呼吸器科・救急科・集中治療科の専門医でもある髙木先生が重要視するのが「問診」です。患者さんとのやり取りから主な病名を絞り込み、その後の検査や的確な診断につなげるため、医師、看護師、ウェブ問診と三段構えで、相談しやすい環境を整えています。「迅速な診断で、いかに患者さんの治療の負担を減らすかが医師の腕の見せ処です」。

ぜんそくや偏頭痛治療に定評安心して通院できるクリニック

髙木先生は感染症の制御に当たる「感染制御ドクター（ICD）」の資格も有しており、院内の感染症対策は万全です。患者さんが多い土曜日午前には二診体制を導入し、安心して通院できるよう工夫されています。

呼吸器内科、脳神経外科も標榜しており、ぜんそくや睡眠時無呼吸症候群、偏頭痛などの治療にも定評があります。幅広い知識と豊富な経験を持つ医師と高度医療設備をそろえ、地域の健康を支えます。

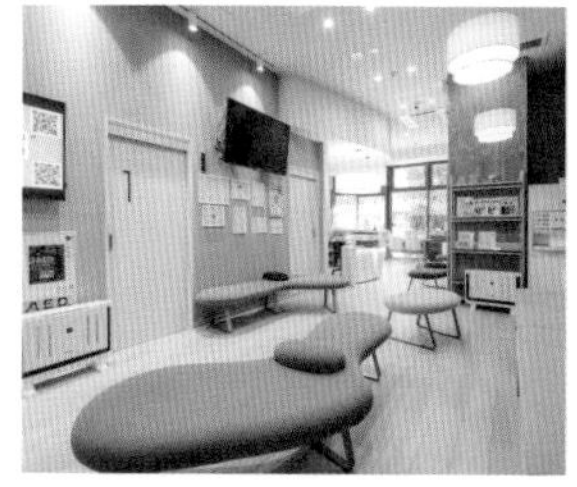

木目が温かな雰囲気の待合室。壁のモニターでは病気の知識を深めるための資料映像が流れています

密を避ける工夫がなされ、感染対策も万全の院内。受付の際はマイナンバーカードの保険証利用も可能です

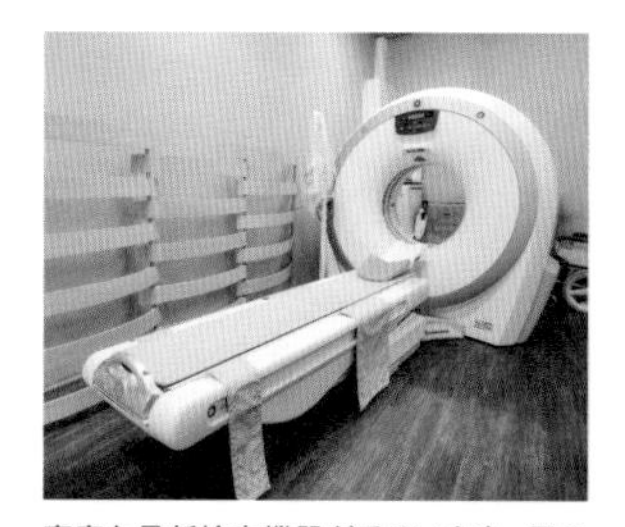

高度な最新検査機器がそろいます。胃の内視鏡検査も行っており、経鼻、経口どちらもでも受診可能です

さまざまな専門医資格を持つ髙木先生。これまでに培われた医療現場での経験が生きる、的確な診察に定評があります

ビタママ Topics

大きなモニターで患部をわかりやすく解説

診察室のデスクには、患者さんへの説明で使用するための大型・高精細のモニターが設置されています。「検査結果や患部の状態をより見やすくするために、モニターの大きさにはこだわりました」と髙木先生。口頭だけでなく目で見て確認しながら説明を受けることで、患者さんの病気へのより深い理解や治療への前向きな姿勢につながるといいます。その後の治療内容の説明も伝わりやすくなり、「安心感につながる」と患者さんからも好評だそうです。

お悩み 50代になってから疲れやすくなったと感じています。

1.「更年期障害？」は肝機能の低下にも要注意

50歳前後というと、閉経が重なる時期です。疲れの原因として多くの方が思い浮かべるのは、更年期障害ではないでしょうか。「更年期障害だったら放っておけばそのうち治まる」と思っている方が多いのですが、肝臓の専門医としては、「ちょっと待って！」と言いたいです。エストロゲンには脂質の代謝を助ける働きがあるため、閉経前後でホルモンバランスが崩れると、この機能が衰えて中性脂肪やコレステロールの値が上昇。脂肪肝から肝機能が低下し、動脈硬化が進むリスクが高まるので注意が必要です。

2. 動脈硬化の進行は食生活の改善や薬で予防

動脈硬化とは、血管が硬くてもろくなる状態のことです。加齢とともに少しずつ進行し、喫煙、悪玉（LDL）コレステロールの増加、高血圧、糖尿病なども進行の原因となります。体の重要な血管で動脈硬化が進むと、心筋梗塞や脳卒中などの重い病気につながりかねません。動脈硬化の進行を遅らせるには、血管年齢を若く保つことが大切です。血液検査の結果、高脂血症や脂肪肝の兆候が見受けられたら、血圧やコレステロールを下げる薬を適切に服用したうえでバランスの良い食事をとるように心がけていただきます。

3. 内面のアンチエイジング、50代からの運動習慣が大切

「いつまでも若々しくいたい」と思うのは当然のことです。ただ、アンチエイジングというのは見た目だけではなく、血管年齢を若く保つという体の内面のアンチエイジングも大切です。できれば、日ごろから運動する習慣をつけること。そうして筋力が維持できれば、脂肪を燃やすことになるので、結果として、高脂血症などにはプラスに作用し、動脈硬化の予防にもつながります。あとは、ストレスをためないこと、バランスの良い食生活と質の良い睡眠を心がけること。さらに、定期的な健康診断も忘れずに受けてください。

林医院

●内科 ●消化器内科 ●皮膚科 ●小児科

045-942-3302

横浜市都筑区勝田町1297

お答えいただいたのは…

林医院

院長 **林 毅**（はやし たけし）先生

Profile

日本内科学会認定総合内科専門医、日本消化器病学会認定消化器病専門医、日本肝臓学会認定肝臓専門医、日本消化器内視鏡学会認定消化器内視鏡専門医。医学博士。

Clinic information

最新の検査や治療法を導入
ハイレベルな「かかりつけ医」

地域からの信頼も厚い総合内科専門医

２００３年の開院以来、「自分が患者さんの立場だったら、という気持ちで診療してきました」と実直なお人柄のままに話す院長の林毅先生。聖マリアンナ医科大学病院で10年以上勤務し、現在も同病院の消化器・肝臓内科の専門外来で週１回の診療を行っています。

専門は消化器内科ですが、総合内科専門医の資格も持ち、クリニックでは風邪や腹痛、咳などの症状から生活習慣病、精神的なことが原因で起こる体調不良、皮膚科、小児科までさまざまな疾病に対応します。幅広い知識と経験をもとに特定の臓器だけでなく、全身を診て総合的に判断できるハイレベルな「かかりつけ医」として多くの患者さんに信頼され、疾患によっては地域の専門医や大学病院との強いネットワークを生かした医療連携も迅速に行います。

C型肝炎は新薬で完治可能どんなお悩みにも親身に対応

大学では肝臓疾患の治療、研究に携わり、現在も新しい治療に積極的な林先生のもとには遠方から来院する患者さんも少なくありません。「かつて不治の病と恐れられていたC型肝炎もここ数年の間に新しい薬が次々と登場し、その治療も大きく進歩しました」。以前はインターフェロンによる治療が主流で、うつ症状や髪の毛が抜けるといった副作用がつらく、途中で断念する患者さんもいましたが、いまは副作用の少ない新薬によって完治することも不可能ではありません。「医療に詳しい人、友人や身内、くらいの気持ちで気軽に相談してください」。

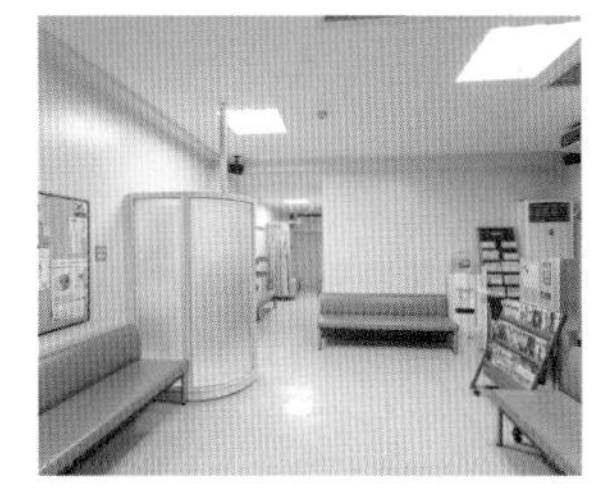
待合室は十分なスペースを確保し、ゆったりといすが配置されているので車いすでの通院も安心です

院内には多数の空気清浄機を設置しており、換気対策も万全です

待合室の一角にはクラゲが泳ぐ水槽が。時間の経過とともに色が変わり、患者さんの心を癒します

患者さんが自由に飲めるようにと、高濃度水素水発生装置つきウォーターサーバーを完備

正確な診断を可能にするＮＢＩ内視鏡

「消化器内科の専門医として、がんを見逃すことはできません。正確な診断や、がんの早期発見のためには検査機器の精度も重要です」と林先生。そこで導入したのが、最新のＮＢＩ（狭帯域光観察）内視鏡です。特殊な光によって、粘膜の表面や毛細血管を鮮明に映し出し、さらに画像をデジタルハイビジョンで拡大することで、胃、食道、咽頭など上部消化管の小さな病変も捉えることができます。ＮＢＩによる検査は緊急の患者さん以外は完全予約制です。

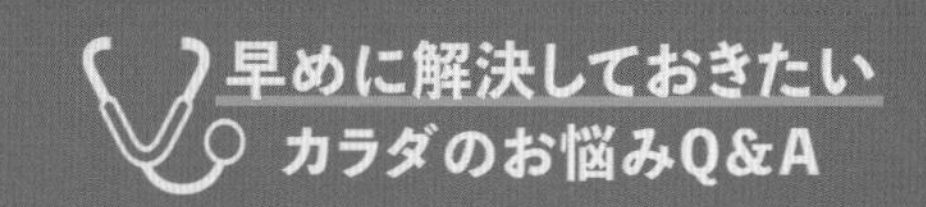

耳鼻咽喉科

お悩み 日中、あくびがよく出て眠くなることが多く、集中力が持続しません。何かの病気でしょうか

1. ぐっすり眠れていない もしかするとそれは 睡眠時無呼吸症候群かも

日中、あくびがよく出る方は、質の高い睡眠がとれていない可能性があります。自分ではぐっすり眠れていると自覚していても、日中の眠気や集中力の低下、倦怠感、起床時の頭痛などが感じられる場合、睡眠時無呼吸症候群（SAS）が考えられます。SASとは睡眠中に呼吸が止まり、医学的には、「無呼吸（10秒以上の呼吸停止）が、1時間に5回以上」と定義されています。SASは適切な治療を行えば、決して恐い病気ではありません。しかしそのまま放っておくと、高血圧や不整脈、心筋梗塞、脳卒中などにつながるリスクがあります。

2. こんな方があぶない！ 痩せているから大丈夫 という慢心は禁物

SASは肥満気味の中高年の男性がかかる、というイメージがありますが、痩せている人や女性（特に閉経後）もかかることがあります。また、日本人は欧米人と比べて顎が小さいため、無呼吸を起こしやすいと言われています。

【こんな方は要注意！】

- ・太り気味
- ・首が太い、短い
- ・舌や舌のつけ根が大きい
- ・下顎が小さい、または下顎が後方に引っ込んでいる
- ・お酒が好きで、寝る前の飲酒が習慣化している

3. CPAP療法と マウスピース療法 場合によって外科手術も

SASの治療は、対処療法の「CPAP療法」と「マウスピース療法」、根治療法の「外科手術」があり、肥満気味の場合は、治療と合わせて生活習慣の改善も必要になります。「CPAP療法」は、装置からエアチューブを介して空気を送り込み、一定の圧力をかけて気道がふさがらないようにする治療方法で、2022年12月現在、当クリニックでは230人以上の方がこの治療を受けています。また「マウスピース療法」は、睡眠中にマウスピースを装着して気道を確保する治療方法で、軽度～中度のSASに広く用いられます。

お答えいただいたのは…

センター北ひまわり耳鼻咽喉科

院長 勝野（かつの） 雅弘（まさひろ）先生

Profile

日本耳鼻咽喉科学会認定耳鼻咽喉科専門医。医学博士。

センター北ひまわり耳鼻咽喉科

●耳鼻咽喉科 ●アレルギー科

045-911-8718

横浜市都筑区中川中央 1-37-14 フォンテーヌセンター北2階

Clinic information

耳、鼻、喉のことなら何でも相談 地域のかかりつけ医

診療のモットーは 患者さんに安心感を

院名にあるひまわりの花言葉は「あなただけを見つめる」。太陽に向かって真っすぐに咲くひまわりのように、常に患者さんと向き合う医師でありたいと話す、院長の勝野雅弘先生。診察では話しやすい雰囲気づくりを心掛け、現在出ている兆候や症状の奥に、さらなる問題点がないかを慎重に問診。また「患者さん自身が病気や治療についてきちんと理解し、納得することが、病気を早く治そうという前向きな気持ちにつながる」と、病気のメカニズムについて丁寧に説明してくれます。

舌下免疫やSASの治療実績は 全国トップレベル

近年力を入れているのが、スギやダニアレルギーに対する舌下免疫療法です。アレルギー疾患は症状が出たら薬を飲んで抑えるという対処療法が一般的ですが、舌下免疫療法が目指すのは「根治」。アレルギーの原因物質を少しずつ取り入れることで、アレルギーを克服するというものです。3～5年の継続治療が必要ですが、一般的には2～3カ月で効果が現れます。また、眠気などの副作用の心配はなく、妊娠中や授乳中にも継続できるメリットもあります。さらに、昭和大学藤が丘病院に勤務していたときに睡眠時無呼吸症候群（SAS）の専門外来を担当していたことから、SASの治療にも力を注いでいます。

「当院は2022年4月に開院10周年を迎えました。医療技術は日進月歩です。これからも常に新しい知識や技術を取り入れ、研鑽をし、患者さんのさまざまなニーズに応えてまいります」。

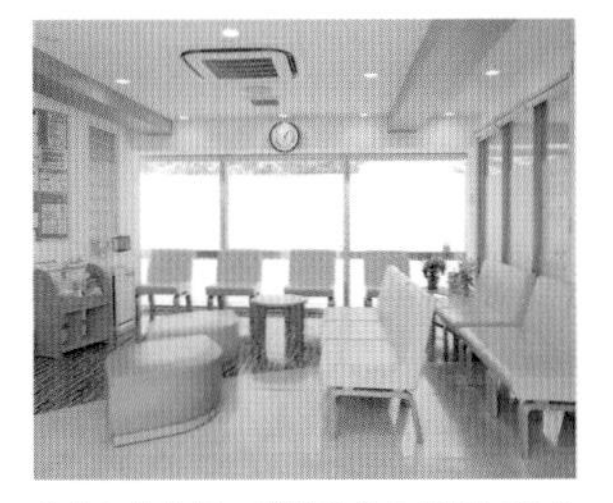

ひまわりカラーが印象的な明るい待合室。院内はバリアフリーで車いすやベビーカーも安心です

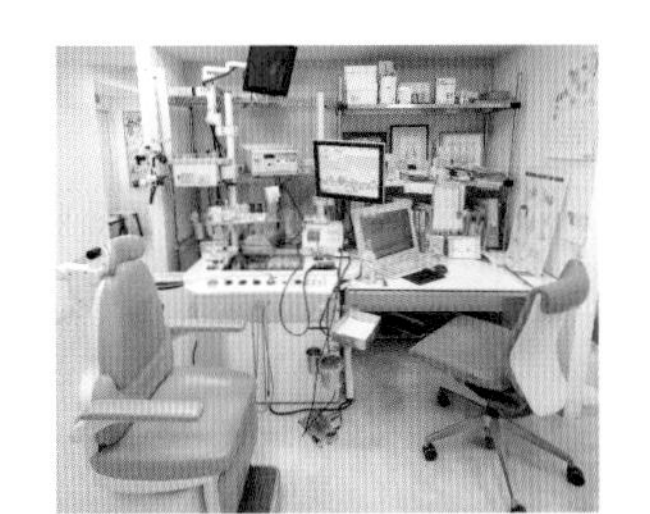

診察台にはモニターがあり、耳・鼻・喉の状態を確認しながら先生の説明を受けられます

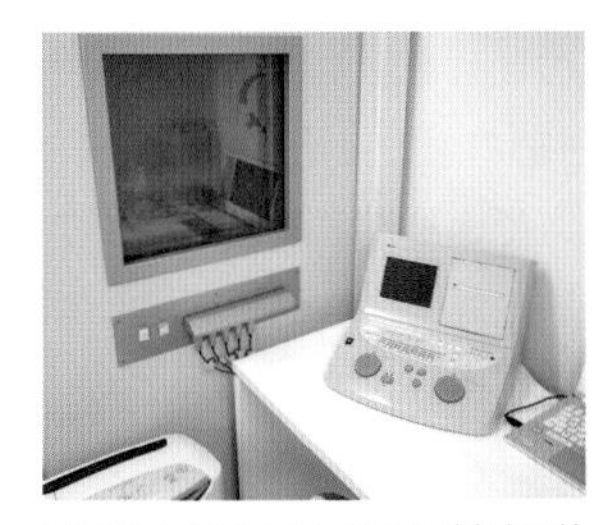

高性能デジタルレントゲンなど充実の検査機器。聴力検査室は車いすのまま入って検査を受けることができます

横になれるベッドがある隔離室。発熱など感染症の疑いがある場合はここで待ちます

ビタママ Topics

コロナ禍でも安心！万全の感染症対策

待合室の壁に化学物質過敏症の原因とされるホルムアルデヒドを吸着分解し、再放出しない漆喰を使用するなど、患者さんにやさしい院内環境を整えています。感染症対策としては、開院当初から使用している「UV除菌ライト」に加え、コロナ禍を機に、オゾンを使って空気を浄化する「オゾン除菌装置」と空気中の二酸化炭素の濃度を測定することで密状態を回避する「CO2モニター」を設置。患者さん第一に、より高いレベルの安心・安全を提供しています。

耳鼻咽喉科

お悩み いままで経験がなかったのですが 2年くらい前から、めまいと耳鳴りに悩まされています。

1. コロナ禍で急増しています 生活習慣を改善し 自律神経を整えましょう

めまい、耳鳴り、突発性難聴などの急性難聴は現代多い病気で、特に近年のコロナ禍でますます増えています。早い段階で耳鼻咽喉科を受診し、薬などで治療をすることはもちろん大事です。この病気が起きる内耳は、音やバランスを感じる器官ですが、自律神経の影響が大きい場所です。きちんと治し、再発防止をするには、生活の改善することで自律神経の状態を整えることが重要です。

2. 大切なのは 交感神経と副交感神経の バランスを保つこと

自律神経は興奮や緊張状態で強く働く「交感神経」、リラックス状態で強く働く「副交感神経」に分けられます。昼間は活動しやすいように交感神経が優位に働き、夜は休息のために副交感神経が優位になるのが正しい姿です。どちらが大事というものではなく、バランスが大事なのです。しかし、ストレスや睡眠不足、運動不足、食生活の乱れでそのバランスが乱れることが多く、特にコロナ禍でより深刻になっているというわけです。このため、めまい、耳鳴り、急性難聴が近年とても多いのです。

3. ストレスに負けない 強い体になることが 自律神経のバランスを保つ

自律神経のバランスを保つためには生活習慣を改善することが重要で、特に大事なことを具体的に5つ示します。①朝、目覚めたら日の光をあび、きちんと朝食をとる。②日中は運動などで適度に体を使う。③水分を十分とる。④夜はぬるめ（39 ~ 41℃）のお風呂にゆっくりつかる。⑤夜は暗めで暖色系の照明。そして早めに寝る。自律神経の乱れを治す特効薬はありませんが、一部の漢方は治りを助けます。保険で処方できる漢方薬がありますので、めまい・耳鳴りなどでお困りでしたら受診ください。

お答えいただいたのは…

宮前平トレイン耳鼻咽喉科
院長 伊東（いとう） 祐永（すけなが）先生

Profile

日本耳鼻咽喉科頭頸部外科学会認定耳鼻咽喉科専門医

宮前平トレイン耳鼻咽喉科

●耳鼻咽喉科 ●小児耳鼻咽喉科 ●アレルギー科

044-870-1187

川崎市宮前区小台 2-6-6 宮前平メディカルモール 3F

Clinic information

“患者さん第一”の思いがあふれる地域になくてはならないクリニック

患者さん目線を大切に進化を続けるクリニック

「あってよかった、なくては困る」を理念に掲げる院長の伊東祐永先生。常に患者さんの気持ちに寄り添う診療がモットーです。

患者さん用のいすの左右に設置された大きなモニターには、耳や鼻、のどの中などの患部が映し出されます。伊東先生の説明を聞きながら自らの症状を把握することで「早くよくなりたい」「薬を忘れずに飲もう」などの動機づけにもつながります。

舌下免疫療法でアレルギー症状を改善

アレルギーに悩む人はとても増えている反面、正しい対処をしていない人も多いそう。そこで伊東先生が力を入れているのが、舌下免疫療法。スギ花粉とダニのアレルギーに行える治療で、治療薬を1日1回舌の下に1分間置き、体をアレルゲンに慣らしていくというもの。「数カ月で効果が現れることが多く、体質の改善や根治が期待できる治療法です」。同院では1回で39種類のアレルゲンを特定できる採血検査を実施しており、アレルギーの原因を正確に突き止め、適切な治療を行います。

難聴やめまいには漢方治療も併用

漢方治療に力を入れているのも特長です。ストレスや自律神経の乱れによる難聴、めまいがとても増えている、と伊東先生。西洋薬と漢方薬の併用を行い改善に導きます。「西洋薬と漢方薬はそれぞれのメリットがあり、それぞれの『いいとこ取り』した治療を行います。保険適用の漢方薬を処方しますので価格的にも安心です」。

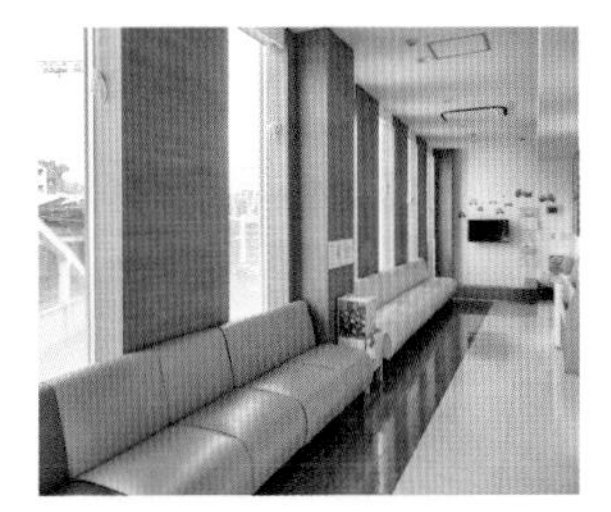

待合室の窓から田園都市線の車両が見えることが院名の由来。子どもたちからは「電車の先生」と親しまれています

自動精算機を導入することで患者さんとスタッフの接触回数を減らし、感染対策につなげています

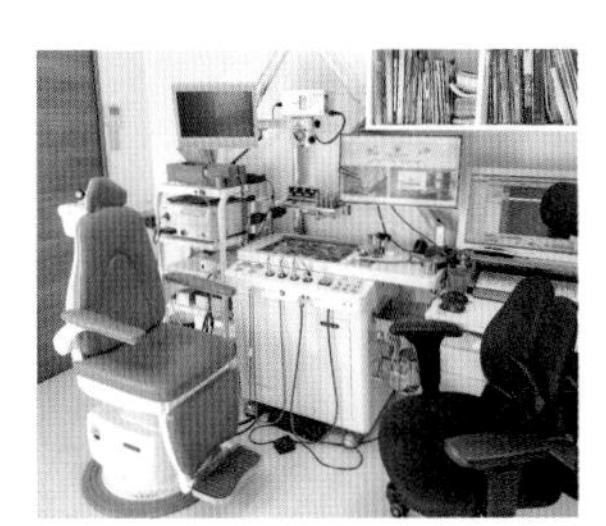

大型モニターに患部を映し出して可視化し、丁寧な説明をすることが患者さんの治療へのモチベーションにつながります

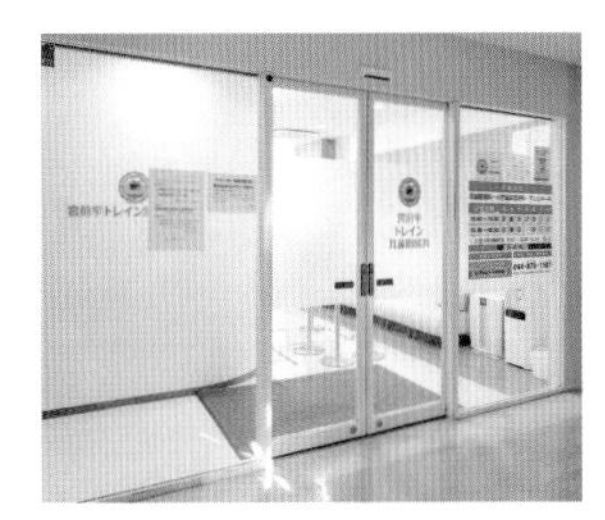

東急田園都市線・宮前平駅南口からすぐというアクセスの良さ。土曜日の診察を行っていることも好評です

ビタママ Topics

双方にメリット多数！ウェブ問診が好評です

宮前平トレイン耳鼻咽喉科では、2022年8月よりウェブ問診を開始しました。「待ち時間や院内滞在時間の短縮を目的に導入しましたが、想像以上に良いツールです。来院する症状についてカスタマイズされた質問がされますので、診断に役立つ情報を漏らさず書いていただけます。診察室に入る前から私やスタッフは症状を詳しく知ることができ、限られた診察時間でも今まで以上に深い診療ができ、患者さんにもスタッフにもメリット多数です」と伊東先生。

耳鼻咽喉科

お悩み 飛行機に乗っているときのような、耳が詰まったような症状が続いています。

1. まずは受診を！「耳閉感」に隠れるさまざまな病気

耳が詰まったように感じる「耳閉感」は、さまざまな疾患の初期症状です。耳閉感だけで病名を特定することはできませんが、耳のなかの炎症や突発性難聴、メニエール病などが疑われます。診察は、外耳（耳の穴から鼓膜の外側まで）･中耳（鼓膜の裏側）の診察、聴力検査、その他耳管（耳と鼻・喉をつなぐ管）の検査を行います。はじめに耳あかの有無、鼓膜の損傷や外耳・中耳の炎症の有無を診察します。大量の耳あか、鼓膜に穴が開いたり、外耳炎や中耳炎が発症したりすると耳閉感が起こります。

2. 突然起こる難聴やめまい 正しい生活習慣と早期治療が改善のカギ

次に外耳と鼓膜に異常がみられない場合は聴力検査を行います。聴力検査をする理由は急性の聴力低下を示す突発性難聴の存在確認です。そのうち比較的軽度の低音域の聴力低下は難聴を自覚することは少なく、多くは耳閉感で来院します。「メニエール病」も耳閉感で発症し、さらにめまいや耳鳴り、低音難聴などの症状が起こります。いずれも早期に集中的にビタミン剤や循環改善剤の投与が必要です。聴力が改善し耳閉感がなくなっても再発することが多いのが特徴で、そのつど治療する必要があります。

3. 自己判断は禁物 耳閉感や違和感を感じたらまずは受診、検査を

聴力検査に異常がない場合でも耳と鼻の奥との間の空気の流れが悪くなる「耳管狭窄症」も耳閉感がでてきます。多くはアレルギー性鼻炎や副鼻腔炎といった鼻の病気が原因になるのですが、それ以外にも鼻の奥に悪性腫瘍が隠れていることもまれにはあります。いずれにせよ耳閉感は放置せず耳鼻咽喉科を受診することが大切です。

お答えいただいたのは…

佐久間耳鼻咽喉科クリニック
院長 佐久間 惇（さくま あつし）先生

30年以上のキャリアを生かした患者さん目線の診察

わずかな異変を見逃さない丁寧な診察スタイルと30年以上の医師としてのキャリアから、視診と問診でおおよその見当をつけ、顕微鏡やマイクロスコープでの検査で的確な診断につなげます。

佐久間先生のモットーは「患者さん目線で行う診察」です。中耳炎や副鼻腔炎、突発性難聴や顔面神経麻痺までさまざまな症例を幅広く診察し、患部を映し出すモニターを使って丁寧に病状を説明することで、患者さんが安心し、前向きに治療に取り組めるよう配慮しています。

聖マリアンナ医科大学病院とも連携をとり、二次医療につなげる役割も担っています。

●耳鼻咽喉科
佐久間耳鼻咽喉科クリニック
044-975-4387 川崎市宮前区菅生 2-1-6 日向園ビル 1F

眼科

お悩み　白目にシミのような斑点があり、鏡を見るたび気になってしまいます。

1. 白目の茶色や黒っぽいシミの正体は、「結膜母斑」と呼ばれるホクロです

白目にできる茶色や黒っぽいシミの正体は「結膜母斑」と言い、「母斑」とはあざやホクロのことです。大きさは人それぞれで、生まれつきある場合もあれば、知らないうちにできていた、ということも。痛みやかゆみなどの症状はありませんが、見た目が気になって来院される方もいらっしゃいます。中には、少しずつ大きくなってくる場合もありますが、それが視力に影響することはありません。放置していても、見た目が気にならないようでしたら、特に治療する必要はありませんのでご安心ください。

2. 遺伝や紫外線、加齢などさまざまな原因が考えられます

先ほども言いましたが、結膜母斑はあざやホクロです。突然できる場合もあれば、子どもの頃からあるという方も。その原因は遺伝や紫外線、加齢などさまざまです。あざやホクロが多い体質の方は結膜母斑ができやすいのかというと一概にそうとは言えません。従って相談に来られる患者さんも、お子さんから年配の方まで幅広く、当院には特に、20代から50代の方がよく来られます。

3. 気になる場合は治療も可能です。あまりにも大きい場合は注意！

視力の低下や何らかの疾患につながることはありませんが、1～2ミリほどの大きさであったり、充血を伴ったり、という場合は直ちにご相談ください。非常にまれなケースですが、悪性黒色腫の疑いがあります。メラノーマやホクロのがんとも言われ、失明どころか命に関わることも。見た目が気になる方は除去することも可能です。ホクロに対してレーザー照射を行うレーザー治療で、1回で目立たなくなる方もいれば、複数回の利用が必要になる場合もあります。当院でもレーザー治療を行っていますのでご相談ください。

お答えいただいたのは…

きくな湯田眼科
副院長 湯田(ゆだ) 健太郎(けんたろう)先生

世界基準の知識と技術で地域の方々の「見る」を支える

「新しいことを見つけるのが好きで、研究職はまさに転職と言えました」と話す副院長の湯田健太郎先生。浜松医科大学を卒業後、東京大学大学院医学系研究科外科学専攻博士課程を修了。さらにハーバード医科大学のリサーチフェローでは世界初の発見につながる研究にも成功したという経歴をもちます。診察ではなるべく専門用語を使わず、患者さんの症状や治療方針を分かりやすく説明し、満足して帰っていただくことをモットーにしています。院内には湯田先生のお父様で院長の湯田兼次先生をはじめ10名の医師が在籍。国内唯一の最新機器を積極的に導入するなど、高度な医療を提供しています。

●眼科
きくな湯田眼科
045-435-3755　横浜市港北区菊名4-3-11

お悩み　目の疲れが取れず、夕方になると視界がかすんできます。

1. 定期的な検診で自分の目の状態を知り、正しくケアしましょう

疲れ目・かすみ目の原因として一番多いのは加齢による目のピント調節機能の衰え、いわゆる老眼です。正しい矯正が重要ですが、眼鏡の度が合っていなかったり、眼鏡を持っていない方も。定期検診で自分の目に合った矯正をしましょう。また、PCなど長時間ディスプレイを見続けることで目の筋肉が緊張し、疲れやすくなります。まばたきの回数も減るので、ドライアイの症状が出る人も。適度な休憩で目を休ませ、目を潤す点眼薬や加湿器の使用も有効です。

2. 主に加齢が原因の白内障。早い人では40歳位から発症することも

白内障でも疲れ目・かすみ目を引き起こすことがあります。白内障はピントを合わせるためのレンズの役割をもつ水晶体が濁り、視界がかすんだり、光のまぶしさが増したりなどの症状が出る病気です。有効な治療法は濁った水晶体を摘出して人工レンズを挿入する手術のみですが、手術をするまで進行を遅らせる点眼薬を使用することも多いです。視界がかすんだり、光をいつも以上に眩しく感じたりしたら検査を受けることをおすすめします。

3. そのかすみ目は緑内障のおそれも早期発見が重要です

日本では40歳以上の20人に1人が発症し、中途失明の原因疾患として最も多いのが緑内障です。徐々に視神経が侵され視野が欠けてしまう病気で、かすみ目などの自覚症状が出て眼科を訪れたときにはすでに症状が進行している場合も少なくありません。遺伝的要因が大きいのですが、近視の人も罹患しやすい傾向があります。一度傷ついた視神経は元には戻らないので、進行を遅らせるために眼圧を下げる点眼薬を使い続けます。初期に治療を開始すれば、進行を遅らせることができるので、早期発見が重要です。

お答えいただいたのは…

さこう眼科
院長 酒匂（さこう） 丈裕（たけひろ）先生

Profile
日本眼科学会認定眼科専門医

さまざまな診療科との連携医療で三世代の目の健康を守る

「どんな病気でも診る」を診療方針に、しっかりした診断力と、難症例に対応可能な病院との連携により、最適な治療法を提供するさこう眼科。駅直結のショッピングセンター内というアクセスのよさと、診察室まで車いすやベビーカーで入れるバリアフリー設計の院内は、幅広い患者さんに好評です。

目の病気は糖尿病や高血圧をはじめ、何らかの疾患と関わりが深いことが多く、隣接する内科や皮膚科、小児科などとも連携し、トータルで健康をサポートしてくれます。最新機器の導入の他、経験豊富な視能訓練士の常駐、スタッフの勉強会など、常に高みを目指すチーム力もさこう眼科の強みです。

●眼科　●小児眼科
さこう眼科
044-430-4350
川崎市中原区新丸子東3-1302
ららテラス武蔵小杉4F

written by
山田 りか
会社勤めのかたわら、ママ達の日々の暮らしをみつめる勤労作家。子育てに奮闘中のあなたに贈る、小さな物語をお楽しみください♪

ベイブリッジ、まだ落ちない

「ハッピーニューイヤー！」

　おもちゃのウクレレをジャカジャン♪と鳴らしたヒナママの合図で、ママたちが一斉にクラッカーを鳴らす。

「イエーイ！」と歓声を上げるノリのよい子もいれば、破裂音にビビって泣きだす子どももいるカオスなリビングで、寄り集まったママ友がグラスを掲げて乾杯をする。

「新年にウクレレって」

「あらヤダ、弁天様よ！琵琶（びわ）の代わりになるかなーって」

　コロナがようやく落ち着いてきた去年の秋以降、私たちは自粛してきたホームパーティーを解禁し、何かと理由をつけてはご馳走を持ち寄り、集まっていた。

「子どもより大人が楽しんでるんじゃない？」と誰かに聞かれたら、私は自信をもって「その通り」と答えよう。大人たちが楽しまないで、どうして子どもがのびのび楽しめようか。母親がみんな聖母だったら、子どもだって聖歌隊の隊員みたいに神妙な雰囲気になるではないか。

　そうだ、聖歌隊で思い出した。私たちの解禁初の集会は、昨年秋に崩御した英国女王エリザベス二世の国葬だった。イギリスに行ったことがあるママもないママも、みんな女王の葬儀を見守りたかった。しかし国葬のライブ中継は月曜日の夕食時。とてもじゃないが落ち着いてお見送りなどできない時間帯だ。

「アタシ、録画したよ。BS放送の全中継」

　ヒナママのひと言で、翌日の午後にワラワラと集まったのが今のメンバーなのである。

　女王の葬列は荘厳で美しく、棺の上には豪華な宝石が施された王冠と色鮮やかな花々が飾られ、なかには70年前に女王が結婚式で持ったブーケに使われたものから育てられた花もあったという。葬儀は賛美歌の歌声と教会司祭の言葉、聖歌隊の厳かな合唱と進み、最後は女王が毎朝寝室で聞いていたというバグパイプの演奏で締めくくられた。

「なんていいお葬式なんだろう」

「国民みんなで見送ったんだね」

　悲しいはずの葬儀なのに、こんなに心が穏やかになるなんて、不思議な気持ちがした。

「ロンドン橋、落ちちゃったんだね、ついに」

　ニュースに詳しいトモ君ママによると、エリザベス女王がまだ元気な頃から、女王逝去の際に行う国葬についてのプログラムが存在したらしい。暗号名は『ロンドン橋作戦』。女王が亡くなった時、王室から首相に「ロンドン橋落ちた」という暗号で連絡が入ることになっていたという。作戦には、女王自らの希望も反映されていて、バグパイプの演奏は、女王の遺志で行われたものだった。

「アタシに万が一のことがあったら、成人式に着た振り袖を着せて欲しい」

「私は毎朝必死に作ったキャラ弁のアルバムを棺桶に入れてもらいたい」

「ハイハイ、わかった。みんなまとめて残ったメンツが願いを叶えてあげるから、安心して生きるがよい」

　トモ君ママがスマホのメモを開き、一人ずつの願いを記録していく。

「暗号名は『ベイブリッジ作戦』！」

　女王の棺は、ウェストミンスター寺院から埋葬の地であるウィンザー城へ運ばれていく。その沿道には数え切れないほどの国民の姿。

　生まれてからずっといると思っていた人が、この世からいなくなるという時の流れを、生きている者たちは、寄り添ってみつめた。

皮膚科

お悩み　祖父と父も薄毛なので自分も将来そうなるのではないかと心配です…。

1. 薄毛予防は食事や適度な運動など生活習慣の改善から

男性の薄毛は30代から増えはじめ、男性ホルモン、遺伝、血行不良、ストレス、湿疹などが原因といわれています。薄毛の予防には、まずは生活習慣の見直しを。定期的な運動で血流を改善して筋肉量を増やし、良質なタンパク質を摂る食事を心掛けましょう。髪の主成分はタンパク質ですから、不足すると薄毛やコシのない髪の原因になります。健康な髪の生成に欠かせない亜鉛を含む食品（魚介類やナッツなど）もおすすめです。またヘアケアを見直し、1日1回の洗髪を習慣に。洗い過ぎは頭皮や毛根へのダメージにつながるので注意が必要です。

2. 薄毛の原因は正常な発毛サイクルを乱す男性ホルモン「DHT」

男性の薄毛はAGA（男性型脱毛症）と呼ばれます。2～6年ほどで成長し抜けるという髪のサイクルが、数カ月～1年ほどと短くなり、しっかりと育つ前に抜けてしまうことで薄毛が進行します。薄毛の大きな原因となるのは、DHTと呼ばれる男性ホルモンで、本来の髪の育成周期を大きく短縮させてしまいます。また、老化により毛根の働きが弱ることも原因のひとつ。若年層はひとつの毛根から何本も髪が生えますが、年齢とともにその本数が減少し、全体的に薄くなったように感じます。いずれも男性型の脱毛症に分類されますが、治療が可能です。

3. 正しい投薬で症状改善も継続治療を心がけ薄毛の悩みを解消しよう

AGAは遺伝による発症も多く、生活習慣の見直しで改善しない場合は投薬による治療を合わせて行います。現在、日本皮膚科学会による診療ガイドライン（「男性型及び女性型脱毛症診療ガイドライン」2017年度版）で推奨されている内服薬は、「フィナステリド」と「デュタステリド」、外用薬は「ミノキシジル」の3種類。効果・安全度を考慮し、当クリニックではこれらの薬を処方しています。個人差はありますが、使用から6カ月ほどで効果が現れ、継続治療が必要です。症状が気になりはじめたら、気軽に皮膚科を受診してください。

ビタミンママonlineでもっと詳しく！

お答えいただいたのは…

松井クリニック
院長 松井 潔（まつい きよし）先生

松井クリニック
●整形外科 ●形成外科 ●美容外科
●皮膚科 ●内科 ●小児科
045-591-2655
横浜市都筑区勝田町 324-3

Clinic information

体の不調から美容の相談まで何でも解決！の熱血ドクター

セラピー効果のあるアクアリウムがいくつも配された待合室。光がたっぷりと差し込みます

2階にある「アンチエイジングメディカルエステサロン Salon M's」。サロンでは定期的に新しい機器を導入しています

メディカルエステの施術前後に利用できるパウダールームはゆったりと落ち着いた雰囲気

肌の悩みを解決に導く化粧品は、松井先生が厳選したもの。患者さんに合わせて提案してくれます

診療科目を横断した診察でさまざまな不調に寄りそう

「理想的なプライマリーケアをかなえる極上のかかりつけ医」を目標としている院長の松井先生。その宣言通り、乳幼児から高齢者まで1日200人もの患者さん一人一人と向き合いながら、幅広い科目での診療を行っています。そんな先生のモットーは「ドクターは究極のホスト業である」。患者さんの要望に応え、診療科目を超えた診察にも日々対応しています。

優秀なマンパワーを集結させ患者さんの快適な受診を実現

救命救急センターや大学病院での勤務経験から、素早く的確な診断にも定評がある松井先生。さらに、看護師や受付、メディカルエステティシャンなど13名の経験豊かなスタッフが脇を固めます。診察時にはカルテ入力専門スタッフを同席させるなど、患者さんと向き合うことを重視した結果、来院者数の多さにも関わらず待ち時間が気にならないと患者さんにも好評です。

そんな情熱的な松井先生の人柄はSNSなどで広がり、県外など遠方から足を運ぶ患者さんも多くいます。

美容の悩みも相談できるメディカルエステにも対応

形成外科医としても定評のある松井先生。シミやしわ、ほくろ除去、医療脱毛など美容に関する相談も多く、クリニックの2階には美容治療を専門に行うサロンも。1階での診察後、必要があれば2階での施術をすすめるなど、医学的根拠に基づいた診断のもと、患者さんの要望に合わせた提案を行っています。

ビタママ Topics

熱血ドクターによる生活習慣病外来が好評

毎週金曜日の午前中に行っている生活習慣病外来は、松井先生とともに昭和大学横浜市北部病院循環器内科の石垣先生が担当。高血圧や糖尿病、メタボリックシンドロームなど生活習慣病に悩む患者さんの症状に真摯に向き合う「熱血診察」が好評です。症状によっては、提携医療機関でもある昭和大学横浜市北部病院での精密検査や診察につなげ、症状が落ち着けば松井クリニックで継続治療を受けることができるよう、密に連携をとっています。

泌尿器科

お悩み　就寝時にも頻繁にトイレに目が覚めて困っています。

1. 夜間就寝時に1回以上トイレに行くのは夜間頻尿といい、治療の対象です。

1日10回以上の頻尿や夜間頻尿があったり、尿意を我慢できなかったりする場合は「頻尿」の治療対象です。夜間頻尿は3回を超えると転倒などのリスクが増え、寿命に影響すると言われます。急な尿意を我慢できないときは「過活動膀胱」の可能性がありますが、これは病名ではなく症状名で、そこにはなんらかの原因があります。年齢によって女性は膀胱の下垂、男性は前立腺の肥大が生じ、これらが原因のことが多いですが、子宮癌や膀胱癌など重大な病気が隠れていることもあるので、一度泌尿器科を受診することをおすすめします。

2. 症状をきちんと把握し上手に薬とつき合うのが生活の質を向上させるコツ。

女性は泌尿器科の受診をためらうことがありますが、診断は尿検査や超音波検査などで、局所をみるような診察はほぼありません。また、1回の尿量を測って記録する排尿日誌は、膀胱がどの程度機能しているかを推測するのに役立ちます。治療は薬物療法が主体で、膀胱が尿をためておく状態を安定させる薬、勝手に出そうとするのを抑える薬、夜間多尿（夜間の尿量が多い）を減らす薬などが有効で、漢方薬も利用します。毎日服用する方法のほか、その日の行動予定に合わせて内服する方法もあり、状況に応じて細かく調整して安心して過ごせるようにします。

3. 頻尿治療では、薬物療法と行動療法を一緒にやるのが効果的です。

水分はしっかり摂ってしっかり出すのが大切で、水分制限は脱水症や感染症のリスクを増やします。夜間頻尿には寝る前3～4時間の水分摂種を控える、また朝夕5分間ずつ青竹踏みをするのも効果的です。冷え対策も重要で、生姜を摂ったり、腹巻きをしたり、就寝時にはアンカや電気毛布を使うほか、入浴時間を遅くすることも冬場は特に有効です。夏は冷房による冷えすぎに注意しましょう。夕方に運動をする方が朝にするよりも睡眠が深くなり、夜間の排尿回数は少なくなります。薬物療法と行動療法を一緒にやっていくことが解決への近道です。

機能強化型在宅療養支援診療所
深澤りつクリニック
●泌尿器科　●内科　●呼吸器内科　●消化器内科
045-914-6330
横浜市都筑区中川中央 1-28-20 CKビル3F

お答えいただいたのは…

深澤りつクリニック
院長 **深澤 立**（ふかさわ りつ）先生

Profile

日本泌尿器学会認定泌尿器科専門医。日本透析医学会認定透析専門医。

Clinic information

泌尿器科、内科全般、呼吸器内科、消化器内科の外来診療のほか在宅医療にも力を注ぐ地域診療の要

患者さんごとの状況に合わせオーダーメイドの医療を提供

深澤りつクリニックでは、院長の深澤先生、副院長の黒田先生を中心に、4名の医師で、泌尿器科、内科全般、呼吸器内科、消化器内科の外来診療、同時に訪問診療でもどのような疾患、状態であっても対応します。患者さんの状況に応じ、できる限り要望に沿った診療ができるよう心を砕いています。

糖尿病や高血圧、高脂血症などの生活習慣病、気管支喘息、慢性閉塞性肺疾患（COPD）、睡眠時無呼吸症候群などの呼吸器系疾患、浮腫や禁煙などの相談も多く、地域医療を支える重要な拠点となっています。

女性も安心のケア

泌尿器科では、頻尿、膀胱炎、骨盤内臓脱など女性からの相談も多いそうですが、泌尿器科の受診にハードルの高さを感じ、症状があっても放置してしまい治療が遅れるケースもあるとか。そこで、しっかりと研修を受けた女性看護師が、問診や検査などを行い、丁寧なケアを実践。女性も気兼ねなく治療を受けられる環境を整えています。

各分野の専門家をそろえて在宅医療にも万全の体制

患者さんの状態に応じて医療・ケアができるよう対応しています。医療福祉相談室と訪問看護ステーションNOAを併設し、医師に加え、ソーシャルワーカーや訪問看護専門看護士、皮膚・排泄ケアや緩和ケア認定看護士、理学療法士、リンパ浮腫療法士パフ種、ケアマネジャーなど、各分野の専門家をそろえ、患者さんとその家族の医療と生活を24時間体制で支えています。

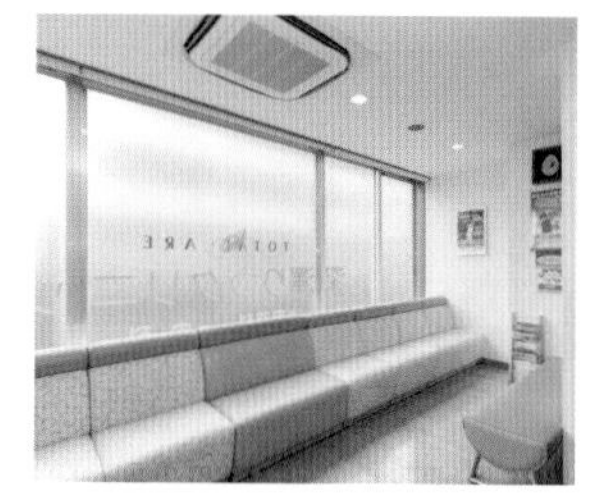
柔らかい陽射しが降り注ぐ待合室。ゆったりとしたソファは、感染防止対策としてひとつずつ区切られています

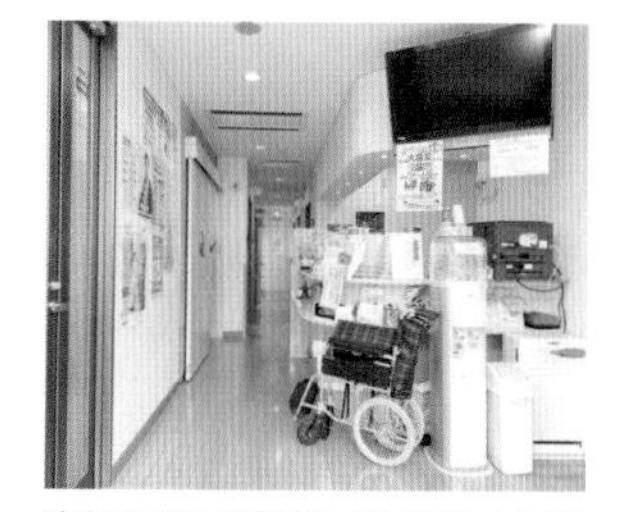
院内では車いすの貸し出しを行っているほか、待ち時間に使用できるiPadも用意されています

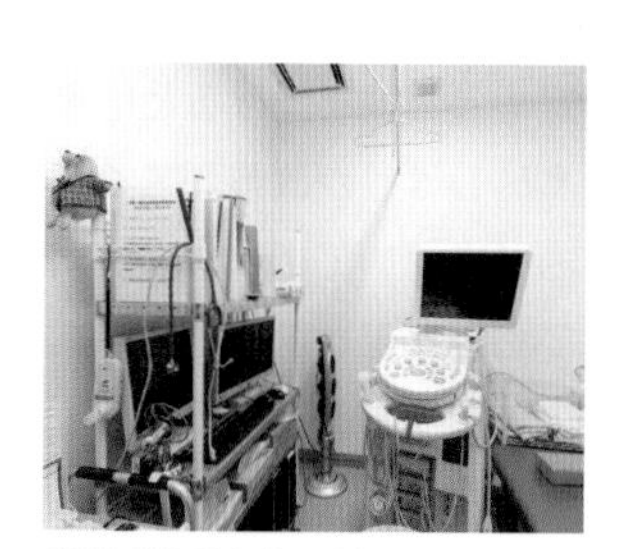
動脈硬化や肺年齢の測定器や、骨密度を量るレントゲンなどさまざまな検査器具がそろいます

副院長の黒田先生は内科と緩和ケアが専門。深澤先生とは、仲のいい兄弟かと思うほど息がぴったりです

ビタママ Topics

3つのサービスが受けられる多機能型介護施設

深澤りつクリニックを運営する医療法人匠光会は、在宅介護の患者さん支援のため小規模多機能型居宅介護施設「Harmony House」をセンター南に開設。ここでは、デイサービスとショートステイ、訪問介護の3つのサービスが受けられます。デイサービスでは、入浴やリハビリなどを行い、ショートステイは宿泊利用ができ、事前予約だけでなく、家族の体調不良などによる急な利用も可能です。送迎も希望の時間に対応し、介護する側・される側、双方にやさしい施設です。

お悩み

最近、顎が痛み噛むことがつらいです。口が開けづらいと感じることもあります。

1. 食べると痛む、音が鳴る…顎に違和感があれば受診の合図と心得て

顎関節症は、口の開閉に関わる顎の関節が位置異常を起こすことで発症し、かむと顎が痛い、口を開けると音が鳴る、口を開けづらいといった症状を伴います。早期に治療すれば数カ月で改善されますが、完治が難しく、セルフケアと定期的な検診が必要です。放置すると、痛みや違和感のある側の歯を日常的にかばうようになり、痛みのなかった反対側にまで症状がおよぶほどまで悪化してしまう恐れがあります。思わぬ病気が隠れている場合もありますから、顎に違和感をおぼえたら、早めにクリニックを受診してください。

2. まずは根本原因の特定を世代でも変わる顎関節症の治療

顎関節症の原因として、歯周病や歯並びの問題、日常的な食いしばりや歯ぎしりの癖が挙げられます。顎関節症は、男女・世代に関係なく発症しますが、その原因は世代で分けられます。若年層は歯並びやかみ合わせ、親知らずの発生が原因であることが多いので、歯列矯正や親知らずの抜歯などを行います。40代以上になると歯周病が原因となることが多く、口腔内を正常な状態に戻す治療からスタートします。世代を問わず多い、食いしばりや歯ぎしりにはセルフケアが効果的です。

3. しっかり継続を！セルフケアと定期検診が症状緩和と治療の要

治療にはセルフケアが重要です。当院では運動療法として、下顎を前に突き出して口を開閉させるオリジナル体操を行うよう指導しています。一日10回程度、入浴時に行います。食いしばりには、「ポストイット（ふせん）療法」がおすすめです。まずは自分が食いしばる状況に関連した場所にふせんを貼ることで、食いしばりに気づきやすくし、顎を緩める習慣をつけるというものです。食いしばりが改善してくると歯ぎしりも落ち着いてきます。症状が改善されてもセルフケアや通院を継続し、口腔内の健康を維持するよう心がけましょう。

山下歯科医院
●歯科　●歯科口腔外科　●小児歯科　●矯正歯科
045-973-2892
横浜市青葉区もえぎ野6-3

お答えいただいたのは…

山下歯科医院
院長 **山下 修**（やました おさむ）先生

ドイツ口腔インプラント学会認定専門医

Clinic information

高度歯科医療にも対応 徹底した除菌で安心の治療

より良い治療のために 院長が自ら医療機器を開発

　より良い治療のため、医療機器などの開発にも携わっている院長の山下先生。なかでも、一般的な除菌液よりも強い殺菌力を持ちながら人体には無害な「タンパク分解型除菌水」は、手洗い、器具の洗浄、待合室や診察室の空間除菌をはじめ、治療時のうがいにも使用されています。「口腔内の除菌が徹底されると、治療後の腫れなどの二次感染の予防にも役立ちます」。

　そのほか、LEDリングライトを使用した口腔内カメラ、インプラント治療の低コスト化・期間短縮を実現した「FITシステム」の開発などにも従事。全国の歯科医院でも活用されています。

「歯科総合治療」を掲げ 高度な治療にも対応

　症状のある箇所だけでなく、口腔内全体の健康を守るための「歯科総合治療」が山下先生のモットー。虫歯や歯周病の治療はもちろん、予防歯科、審美、メンテナンスを含めた診察を行っています。

　そのため同院2階に、より高度な歯科治療を行う「田園都市オーラルクリニック」を開院。3D分析が可能な歯科用CTスキャン、各種レーザー治療機器、手術用歯科ユニットといった大学病院と同レベルの設備を備え、インプラントや歯周病の治療を短期間で受けられる施術などを行っています。短期間で歯周病が改善される「短期集中治療（保険適用外診療）」などが好評です。

　「口は命の入り口」と山下先生。口腔内をきれいに保つことで全身疾患の予防にもつながると、定期受診をすすめています。

待合室でも、「タンパク質分解型除菌水」を使用したハンドスプレーや噴射機を使用し、除菌を徹底しています

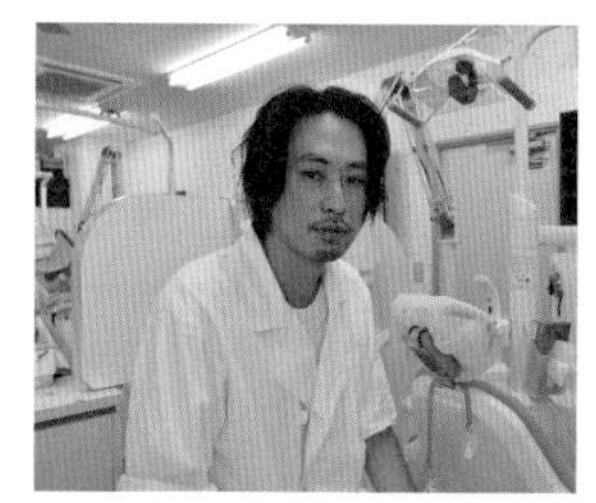

診察台の前には患者さんが見やすいよう大きなモニターを完備。口腔内、口腔外のバキュームを各ユニットに設置しています

山下先生とともに治療にあたる奥山先生。患者さんに寄りそう治療が好評です

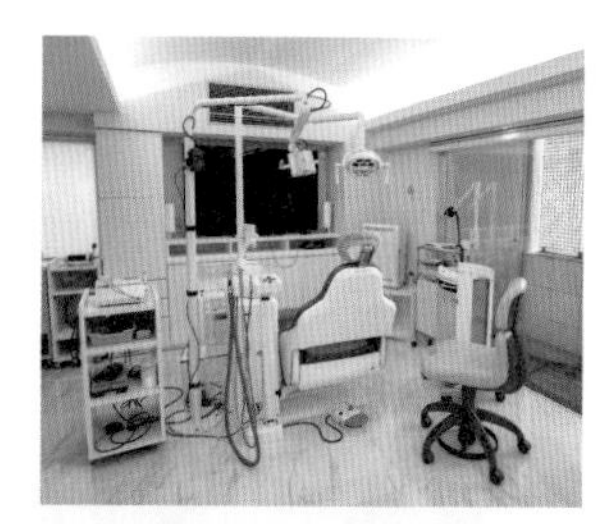

完全予約制の「田園都市オーラルクリニック」では、インプラントや歯周病などの、より負担の少ない治療が可能です

ビタママ Topics

医療機器のメンテナンスにも配慮

山下先生が開発し、その治療を支えている「タンパク分解型除菌水」システムは、装置の不具合の有無に関わらず、いつでも最新式のものを導入し、念入りなメンテナンスを欠かしません。「治療の際に大切なのは口腔内を清潔な状態に保つことです。患者さんの負担を少しでも減らし、治療期間の短縮につなげる、そのための設備投資は惜しみません」と山下先生。同じ理由で、診察室の椅子や治療機器などに関しても、こまめな入れ替えを心掛けています。

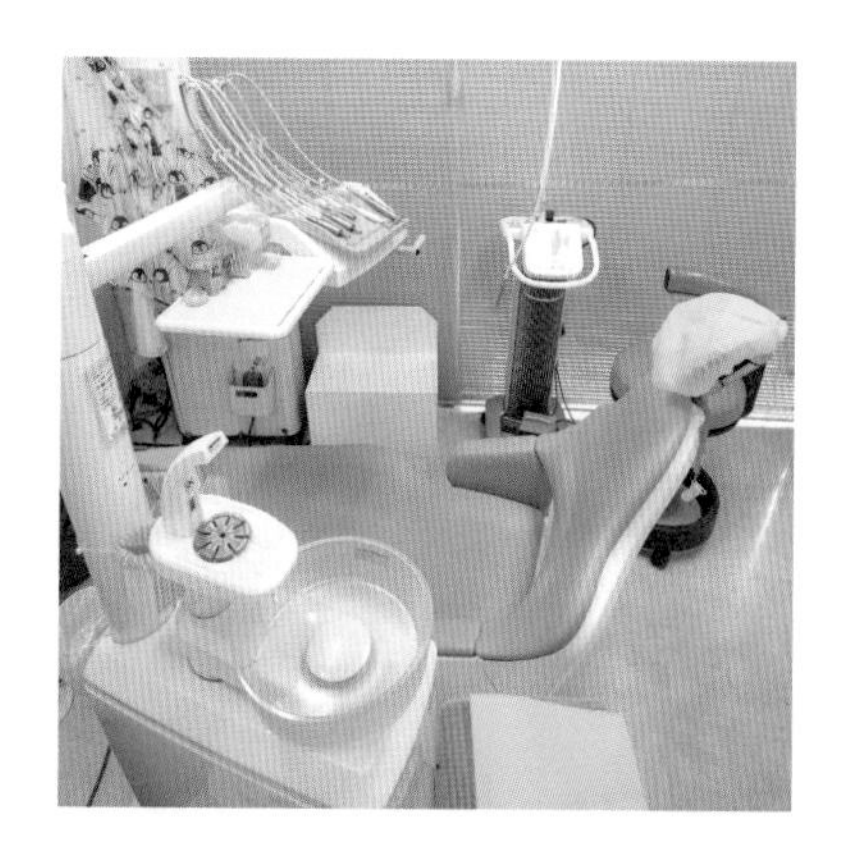

歯科

お悩み 虫歯の治療に行きたいけれど、歯医者の音や痛さが苦手でなかなか診療に行く勇気が出ません。

1. 最近の歯科診療は、痛みを抑える技術も進化し、治療オプションも豊富です。

歯医者が怖いという話はよく聞きますね。ですから当院では、極細の麻酔針を使ったり、表面麻酔を塗布して注射時の痛みを軽減するなど痛みを抑えるオプションを複数用意しています。さらに最新機器「プラズマレーザー・ストリーク」は、高出力レーザーと特殊なチタン溶液により、虫歯や歯周病治療、歯の強化など、さまざまな歯科治療をほぼ痛みなく行えます。クリニックによって患者さんに負担が少ない治療オプションが提供されていますので、ご自分に合った治療法を選ぶとよいでしょう。

2. プラズマレーザー治療器は、虫歯を治療するだけでなく、治療後の歯を強くします。

最新のプラズマレーザー治療は、
①麻酔なしで虫歯治療ができる
②できるだけ歯を削らず治療できる
③虫歯とその周辺の歯の歯質を強化し、虫歯になりにくい歯にする
④治療後の不快感が少ない
など、メリットが多いうえ、麻酔自体が歯に与えるデメリットを防げることでも注目されています。また、プラズマ光球体の拡散殺菌効果により歯周病治療にも有効です。保険適用ではないですが、神経を残せる可能性が高く、自分の歯を長く維持したいと考えるなら十分検討に値します。

3. 自分の歯をできるだけ長く維持するためには何よりも予防医療が大切。

歯の治療では、痛みを取り、虫歯を取り除いて進行を抑え、通常の生活に支障のないようにすることはできますが、悪くなって削った歯を元通りにすることはできません。虫歯治療をすれば、健康な歯も一緒に削ることになり、麻酔をして歯根治療をすれば、神経が損傷し、歯に与えるダメージは大きくなります。だからこそ、大切なのは虫歯や歯周病にならないように予防すること。毎日の歯ブラシ、口腔内を清潔に保つのはもちろんのこと、定期的に歯医者で検診し、メンテナンスすることをおすすめします。

ビタミンママ onlineでもっと詳しく！

お答えいただいたのは…

ルトゥール歯科診療室
院長 金沢(かなざわ) 俊佑(しゅんすけ)先生

ルトゥール歯科診療室
●歯科　●小児歯科　●矯正歯科
0120-26-6480
横浜市港北区高田東 4-23-4 高田駅前医療ビル 3 階

Clinic information

多くの治療オプションを提案できる引き出しの多さが強み

ビタミンカラーの椅子が並ぶ明るい雰囲気の待合室。受付では先生おすすめの歯ブラシや歯みがき粉なども紹介

患者さんファーストの来院しやすい明るい診療室

大きなガラス窓に面した明るい診察室。軽快な語り口の金沢俊佑院長と、出迎えてくれるスタッフの温かい空気、そしてなによりも患者さんの側に立った最先端の医療を提供することで、ルトゥール歯科診療室にはあらゆる世代の人が訪れます。

歯医者は怖いと敬遠しがちな人も多いですが、歯科治療で大切なのはまず予防すること。痛くなったり、不具合が出たりしてから受診するのではなく、定期的に検診を受けることで、痛い治療をせず、健康な歯を長く維持できます。そのため同院では、患者さんが来院しやすい雰囲気づくりを心掛けています。

無痛治療を可能にするプラズマレーザーを導入

さらに同院では「プラズマレーザー・ストリーク」を導入。高温のプラズマ光球体の熱エネルギーによって虫歯や歯周病治療ができる最新の治療機器で、レーザーの振動で知覚を鈍らせ、麻酔なしで虫歯を焼き切る（蒸散する）ことができます。麻酔なしというと不安に感じるかもしれませんが、体験した方の感想は「ちょっとしみるぐらい」とのこと。麻酔が痛い、怖いという人にもおすすめです。

加えてレーザー治療には、虫歯とその周辺の歯の歯質を強化し、虫歯になりにくくする効果も。できるだけ健康な歯を削らず、歯に与えるダメージを最小限に抑え、治療後の不快感が少ないこともレーザー治療のメリットです。そのほか、表面麻酔や痛みを抑える電動麻酔器を導入するなど、最小限の痛みで、最善の治療を提供しています。

全面窓からの採光で明るく清潔な診療室。快適さにこだわって、座り心地のよい診察台を採用しています

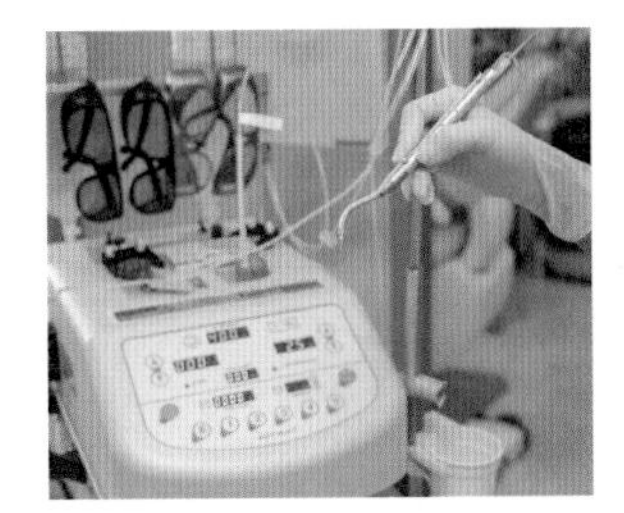
最新治療機器「プラズマレーザー・ストリーク」。高温のプラズマ光球体による熱エネルギーで最先端の歯科治療を可能に

入口前や受付には、スタッフや先生オリジナルの歯に関する豆知識などが掲示されています

ビタママ Topics

衛生管理も徹底的に。うがい水も除菌水を使用

ルトゥール歯科診療室では、「電解中性除菌水」を生成するシステム『エピオス』を導入しています。治療途中のうがい水はもちろん、治療に使用するタービンから出る水もこの除菌水を使用。機械を通して水質改善され、電気分解された高濃度の除菌水で、口内の悪玉菌を徹底的に殺菌し、歯周病や口臭予防にも効果的です。治療機器の洗浄・除菌はもちろん、患者さんの口内環境に至るまで、徹底した衛生管理を心掛けています。

お悩み

**銀歯が取れてしまいました。
持参すればつけ直してもらえるのでしょうか。**

1. お口の中の状態を見て そのまま使えるか 判断します

とれた詰め物に問題がなく、その歯にも虫歯がない場合は、つけ直すことができます。しかし、虫歯や欠けがあったり、詰め物に欠けや変形が見つかったりした場合は、そのまま使うことはできず、治療したうえで作り直すことになります。その際、削り取った部分や歯の欠けが小さければ、保険の範囲内で白い詰め物にすることができる可能性もあります。詰め物がとれたまま放っておくと、虫歯が進行してしまったり、歯が割れたり欠けたりしてしまうこともありますので、早めに歯科を受診してください。

2. 歯をできるだけ削らず CRを詰めて修復する MI治療のススメ

当院では歯をできるだけ削らない、歯をなるべく抜かない、MI治療を積極的に行っています。例えば小さな虫歯の場合、虫歯だけを削り、削り取った部分にコンポジットレジン（以下CR）を詰めて修復します。CRは金属の詰め物に比べて削る範囲が少なく済むほか、その日のうちに治療が終わる、白色で目立ちにくい、といったメリットも。また、前歯や小臼歯の欠損には、一般的な「ブリッジ」に比べて健全な歯の処置を最小限に抑えらる「ダイレクトブリッジ」を取り入れています。

3. 体と口の健康を守るため 「朝起きてすぐ歯磨き」を 習慣化しましょう

自分の歯を守るには、「毎日の歯磨き」が大切です。歯磨きの目的は歯の間に詰まった食べ物をとること、そして一番は、口内で繁殖した菌をとることです。あるデータによると、就寝中は唾液の分泌が低下してしまうため、朝起きてすぐのお口には、なんと、うんち10gに相当するばい菌がいるそうです。もし歯磨きをせずに朝食を食べると、これらのばい菌も一緒に胃の中に入っていくことに。朝昼晩の食後の歯磨きに、朝起きてすぐの歯磨きを習慣化して、体とお口の健康を守りましょう。

お答えいただいたのは…

井上歯科クリニック
院長 井上（いのうえ） 俊弘（としひろ） 先生

**補綴治療のスペシャリストが
安心、安全、確実な治療を提供**

入れ歯や被せ物など補綴が専門の院長の井上俊弘先生。インプラントは必ずCT撮影を行い、挿入位置や深さを正確に計測する解析ソフトを使用。神経や血管を傷つけない安全で確実な治療に加えて、かむ力やかみ癖も考慮し、理想的な咬合へと導きます。

虫歯や歯周病には、見えにくい部分もはっきりと確認できる双眼ルーペや、痛みをほとんど感じないレーザー治療器、スウェーデンで開発されたペリソルブを歯周病治療に使用し、歯石を軟らかくすると同時に歯周ポケット内を除菌することができます。

また、予防歯科にも力をいれており、患者さん一人一人に合った予防プログラムを作成。口腔内のケアはもちろん、アンチエイジングの見地からのアドバイスもしています。

井上歯科クリニック ●歯科●小児歯科
045-911-8639 横浜市都筑区牛久保1-2-9-2F

歯科

お悩み　朝起きたときの口臭や口の渇きが気になります。どんな治療が必要ですか？

1. 就寝中の口内環境は口が乾きやすく口臭も就寝前にしっかり歯磨きを

起床時の口臭や口の渇きの原因は、分泌される唾液や口内環境などにあります。唾液には水分量の多いサラサラしたものとネバネバしたものの２種類あり、後者は粘度が高く口内が乾燥気味になります。口臭は口の中が乾燥し口腔内の細菌が増えることで起こりますが、実はこのネバネバした唾液は就寝中にも分泌されるため、起床時の口臭や口の乾燥につながるのです。就寝前の歯磨き、舌磨きをすることで軽減されますが、舌磨きは強く擦らないように注意しましょう。

2. 歯周病、虫歯、フレイル…慢性的な口臭の原因には治療やケアが必要なことも

起床時に気になる程度であれば問題ありませんが、常に口臭が気になる場合、原因は歯周病や虫歯かもしれません。歯周病菌やミュータンス菌が口腔内で繁殖することで口臭が引き起こされるため、歯周病や虫歯の根治が必要です。また、加齢が原因の場合も。近年、唾液腺や口まわりの運動量が減ることで起こる筋肉の萎縮により、機能低下を引き起こす「オーラルフレイル」が問題視されています。唾液腺のマッサージやよくかむなど口まわりの筋肉を積極的に動かすようにしましょう。

3. ドライマウスが引き起こす口腔内の病気難病が隠れている可能性も

口臭の原因となる口の渇き「ドライマウス」についても注意が必要です。口の中にはさまざまな菌が存在しており、唾液によってそれらが異常繁殖しないよう口腔内の清潔を保っているのですが、分泌が減ることでバランスが崩れ、歯周病や虫歯になりやすくなります。なるべく唾液を分泌させるようガムをかんだり、水分補給したりすると良いでしょう。また、ドライマウスはシェーグレン症候群という指定難病の症状でもあります。自己免疫機能の異常が原因で、早期治療が重要です。

お答えいただいたのは…

こじまウェルネスデンタルクリニック
院長 小嶋 章寛（こじま あきひろ） 先生

患者さんに寄り添う診察で口から全身の健康を支える

治療とともに予防歯科にも力を入れている院長の小嶋先生。モットーは「患者さんファースト」。院内を、治療をメインに行う「キュアゾーン」と予防歯科のための「ウェルネスゾーン」に分けることで待ち時間を短縮し、より通院しやすい環境を整えています。

同クリニックでは検診や治療のたびに口腔内写真を撮影し、結果を時系列に並べることで、かみ合わせのズレや歯肉、口腔内の状態の微妙な変化を確認し、早期発見につなげます。また、治療の経過説明の際も患者さんに伝わりやすく、病気への理解や治療へのモチベーションアップにつながっています。

在宅療養支援 診療所　●歯科
こじまウェルネスデンタルクリニック
044-871-0885　川崎市宮前区鷺沼 1-11-1DIK2 階

お悩み 将来に向けて入れ歯について知りたいです。

1. 入れ歯は主に3タイプ。それぞれの特徴があります

入れ歯とは着脱が可能な義歯のことです。すべての歯を補う総入れ歯と、1本～数本を補う部分入れ歯があり、大きく分けて、「レジン床、熱可塑性樹脂床（保険適用の入れ歯）」「金属床（クラスプデンチャー・自費の入れ歯）」「ノンクラスプデンチャー（自費の入れ歯）」の3つのタイプがあります。それぞれにメリット、デメリットがあり、患者さんの年齢や生活習慣、残っている歯の本数や口内環境によって選択肢が異なるため、十分に比較した上で検討することが大切です。

2. 人工歯にも歯垢や歯石がつく！使い続けることで経年劣化も

初めての入れ歯は痛みや違和感を覚える方が多いですが、徐々に快適な食事やおしゃべりを楽しめるようになります。また不具合がなくても、定期的な調整は大切です。入れ歯も本物の歯と同じで歯垢や歯石がつきますし、使い続けることによって摩耗や変形も起こります。さらに、加齢や歯周病による骨や歯肉の退縮が原因で、気づかないうちに合わなくなっていることも。こうなった入れ歯をそのまま使い続けると、かみ合わせの崩れから口腔内を傷つけたり、咀嚼や発音に問題が生じたりすることもあります。

3. 定期的に歯科を受診し、入れ歯にならないよう予防を心がけましょう

歯を失う一番の原因は歯周病と言われています。虫歯や歯周病は発症すると自然に治癒することはなく、そのまま放っておくと少しずつ進行し、最悪の場合、歯を失うことにつながります。虫歯や歯周病になりにくい口内環境を作るためには、毎日の丁寧なセルフケアに加えて、専門医による定期的なケアやメンテナンスが必要です。患者さんによって異なりますが、3～4カ月に1度を目安として歯科を受診し、ブラッシングでは取り除けない歯垢や歯石を除去してもらいながら、健全な口内環境を守りましょう。

お答えいただいたのは…

たかつ歯科医院
院長 高津 大弥（たかつ だいや） 先生

心身の負担を和らげる患者さん第一の治療を実践

院長の高津大弥先生の専門は、失われた歯を詰め物や被せ物、入れ歯などで補う補綴治療です。「違和感のない装着感」をモットーとした高い技術力には定評があり、九州から調整に通う患者さんもいるほどです。診療では丁寧で分かりやすい説明を心がけ、痛みの少ないレーザー治療や、持病のある患者さんには血圧や脈拍などを測定しながら治療を行うなど、患者さんの心身の負担を軽減する親身な治療をしています。

また訪問歯科診療にも力を入れており、介護施設や個人宅での健診や入れ歯の調整、虫歯治療、口腔ケアなどを行っています。

在宅療養支援 歯科診療所　●歯科●小児歯科
たかつ歯科医院
045-985-1184
横浜市緑区十日市場町834-3
CHEERS！1F

歯科

お悩み　歯が抜けてしまい、うまくかめなくて困っています。

1. 義歯にもいろいろ、インプラントもそのひとつ

しっかりかめないと食事がストレスになりますし、歯が抜けた部分を放置してしまうと、全体の歯並びにも悪影響を及ぼし、虫歯や歯周病、顎関節症などになりやすくなります。そこで、入れ歯、ブリッジ、インプラントなどの義歯で補う治療が必要になります。もし、違和感なく自分の歯のようにしっかりかめるという点を最も重視するのであれば、インプラントを検討してみてはいかがでしょうか。インプラントとは、顎の骨の部分に人工の歯根（インプラント体）を埋め込んで、そこに人工の歯を取り付ける治療方法です。

2. インプラントのメリットとデメリット

インプラントのメリットは、「しっかりかめる」こと。１本の根っこで１本の歯を直接支えるわけですから、歯茎にのせているだけの入れ歯や、２本の根っこで３本の歯を支えるブリッジとは、かむ力がまったく違ってきます。他の歯に与える負担も少ないといえます。デメリットをあげるとすれば、埋め込んだインプラント体が骨と結合するまで数カ月必要なこと。自費診療ですので、保険適用の治療と比べると高額になってしまうこと。さらに、治療後のメンテナンスも必要です。当院では3カ月ごとに来院していただきます。

3. 歯医者さん選びに迷ったらまずは検診に！

「インプラントにしたいけれど、どこの歯科医院がいいか迷っている」という場合、大切なのは歯科医師との相性です。信頼できる、と思えるのが一番ですよね。当院ではすべて納得していただいた上で治療をしたいので、インプラントなどの治療法を分かりやすくまとめたアニメーションを見てもらいながら説明します。疑問点はすべてクリアにしていただきたいからです。まずはホームページなどで情報を集め、気になった歯科医院に検診に行ってみてはいかがでしょうか。実際に足を運べば雰囲気が分かりますから。

お答えいただいたのは…

綱島さがわ歯科
院長 佐川 信正（さがわ のぶまさ） 先生

最新の医療とベストな治療 家族みんなが通える歯科医院

子どもの頃に読んだ野口英世の伝記に感銘を受け、歯科医師になったという佐川先生。その高い志は現在も変わらず、常に最新の医療を学び続けています。

わかりやすい説明と一人一人に最適な治療法の提案、丁寧な診療で、子どもからお年寄りまで3世代で通える綱島さがわ歯科。専門のインプラントに加え、ホワイトニング、顎関節症の治療、親知らずの抜歯などにも定評があり、遠方からはるばる足を運ぶ患者さんも多いそう。

治療室はプライバシーに配慮し個室と半個室が2つずつ。周囲を気にせず安心して治療が受けられます。

綱島さがわ歯科 ●歯科●矯正歯科●小児歯科●歯科口腔外科
045-642-4618
横浜市港北区綱島東 1-2-16
白井ビル１階

お悩み いつも口の中がねばついて気になります。

1. それはドライマウスかも 原因は、口呼吸やストレス、不規則な生活などさまざま

口の中のねばつきの多くは、口の中が乾燥する「ドライマウス（口腔乾燥症）」によるものと考えられています。原因は、口呼吸やストレスをはじめ、不規則な生活、加齢、食生活、薬の副作用、全身の病気などさまざまで、これらが複合的に関与している場合も。進行すると、口の中が乾いて寝ている間に何度も目が覚めたり、ヒリヒリしたり、食事がしづらい、食べ物の味がしない、口内炎ができやすいなどの症状が現れます。唾液が減少すると、虫歯、歯周病、口臭の発症リスクが高まるほか、感染症にもかかりやすくなります。

2. ドライマウスの改善には時間がかかることも。気長に行うことが大切

当院ではお口の状態を診て、自覚症状をお聞きしたうえで、検査用のガムを使って唾液の量を計ったり、口の中の湿度を測定したりするなど、総合的に診断します。その結果、ドライマウスであれば、食生活や生活習慣の改善、口の筋肉や舌の運動の指導、薬の処方（主に漢方薬）などによる治療を行います。いずれにせよ、改善には時間がかかることが多いので、気長に行うことが大切です。当院にはドライマウス研究会認定医が複数在籍しているほか、管理栄養士が在籍し、食事についてのアドバイスも行っています。

3. 乾燥対策はしっかりと よくかんでゆっくり食べ 唾液腺のマッサージも

乾燥対策を心掛け、室内は加湿器などで湿度を保ち、こまめに水分を摂りましょう。また、規則正しい生活やゆとりのある時間も大切です。しっかりと睡眠をとり、食事はよくかんでゆっくり食べましょう。調理方法を少し変えるだけでも咀嚼回数は劇的にアップするので、食材は大きく切る、かみ応えのある食材を使うなど工夫することもおすすめです。加えて、耳下腺、顎下腺、舌下腺を揉んで唾液の分泌を促す、「唾液腺のマッサージ」も効果的です。お風呂に浸かりながらでも行えるので、ぜひやってみてください。

お答えいただいたのは…

中川駅前歯科クリニック
院長 二宮（にのみや） 威重（たけし） 先生

虫歯から審美、いびき、舌痛症、ドライマウスまであらゆるお口の悩みに対応

「患者さんのお口まわりの困りごとを解消したい」という院長の二宮威重先生の思いから、一般歯科や小児歯科をはじめ、予防歯科、審美歯科、睡眠時無呼吸症候群や舌痛症の治療、訪問診療まで行う中川駅前歯科クリニック。現在、診療台は15台、院長を含めて16名の歯科医師が在籍しているほか、矯正、インプラント、ドライマウスなどの認定医もおり、お口に関するさまざまな悩みに対応。さらに、管理栄養士や薬剤師もおり、栄養相談や服薬相談にも応じています。二宮先生の豊富な知識と確かな技術を頼って、北は北海道から南は九州まで日本全国から訪れる患者さんもいるそう。平日は午後9時まで、土曜日は午後6時まで診療している点も魅力です。

在宅療養支援 歯科診療所 ●歯科●小児歯科●矯正歯科

中川駅前歯科クリニック

045-910-2277 横浜市都筑区中川 1-10-2 中川センタービル2F

歯科

お悩み　冷たいものや甘いものを食べたとき歯がしみることがあります。

1. 頻繁に起きるようなら知覚過敏の可能性が

健康な歯でも、まれに神経が刺激を受けてしみたり、痛いと感じることはあります。ただ、その痛みが頻繁に起きたり、長時間続くようであれば、知覚過敏かもしれません。冷たいものや甘いものなどを食べたときに歯がしみるというケースが多いのですが、中には、歯に風があたったときや、歩いているときの振動が歯に伝わるだけで痛いと感じる方もいます。自然に治ることもありますが、歩いているだけでも痛いとなったら、日々の生活がつらいですよね。歯科医師に相談し、適切な治療を受けることをおすすめします。

2. 歯ぎしり、食いしばりが知覚過敏の原因のひとつ

知覚過敏の原因は人によってさまざまです。まずひとつ、考えられるのは歯ぎしりです。次に、食いしばり。これらによって、その人の許容範囲を超えて歯に負荷がかかった場合、知覚過敏となり歯が痛むことがあります。対策としては、睡眠時の歯ぎしりや食いしばりが原因の場合、マウスピースを作って装着してもらいます。日中、歯を食いしばるクセがある人には、1mmでもいいから歯を離すよう意識してください、とお伝えします。たったそれだけでも歯にかかる負荷は大きく軽減されます。

3. 自分で判断せず歯科医師に相談を

虫歯と知覚過敏による痛みに違いはありません。特に初期の虫歯は分かりにくく、患者さんご自身でどちらか判断するのは不可能です。「ときどき痛むけれど、この間、診てもらったばかりだし、虫歯のはずはないから大丈夫」と思い込んで放置しないようにしてください。３カ月に１回検診を受けている人でも、食習慣によっては次の検診までの間に虫歯になることも。「しみる」「痛む」のは、何らかの体からのサインです。「自分で判断しない」「放置しない」「専門家（歯科医師）に相談する」ことが大切です。

お答えいただいたのは…

よごう歯科クリニック
院長 余郷 徹明（よごう てつあき） 先生

夜8時まで、土日祝日も診療 歯と口まわりのトラブルはお任せ

「買い物のついでに、気軽に通ってほしい」という思いから、イトーヨーカドー綱島店の地下1階に２０１５年に開院。院内には高圧洗浄滅菌器をはじめ、歯や詰め物の粉塵と、唾液や血液を強力に吸い取る空気清浄機つきの口腔外バキュームを導入するなど、良好な衛生状態の維持に努めています。院長の余郷徹明先生は歯周病、虫歯やホワイトニング、審美、矯正まで幅広く診察しています。「仕事や家事に追われ、自分のことを後回しにしている女性の虫歯や歯周病が増えています。定期的に検診を受けましょう」。夜８時まで、土日祝日も診療をしていることもうれしいポイントです。

●歯科●小児歯科●矯正歯科●歯科口腔外科

よごう歯科クリニック

045-947-4300
横浜市港北区綱島西 2-8-1
イトーヨーカドー綱島店 B1F

Special Column

超熱血ドクターMに聞く

トレーニングと食事管理の習慣化で人生がもっと前向きに

1日1回から始めるスクワットが10年後の自分を助けてくれる

僕は常に「自分史上最高の自分」を目指し、毎朝の筋トレや食事管理を欠かしません。こういう話をすると、「先生は特別」と言われますが、「寿命=健康寿命」という目標に対して、今日出来ることを実践していると考えるとどうでしょうか?「動ける身体」に筋肉は絶対に欠かせません。30代を過ぎると年に1%以上の筋肉が減少していくため、筋トレの継続は必須です。基礎代謝(生命維持のために使用されるカロリー)は、総消費カロリーの6割を占めることから、筋肉量が多いほど太りにくく、やせやすくなります。

残りの人生においては「今」が一番若い自分です。早速筋トレをはじめましょう!最初はスクワット1回からでもOK。少しずつ回数を増やしていきましょう。人生の後半戦は、歩行に欠かせない下半身の筋肉を鍛えることが大切です。近年耳にするロコモティブシンドローム(筋肉量が著しく低下した状態)を防ぐためにもスクワットは最適な筋トレといえます。1日1回でも継続することで、階段の上り下りが楽になるなど身体に良い変化が起きます。体幹を鍛える「プランク」もおすすめですよ。

運動が習慣化すると、気持ちが前向きになります。すると健康への意識が高まり、今度は食事にも気を遣うようになってきます。健康な身体を作るための僕の法則は「食事8割、運動2割」。せっかく運動をしても栄養の偏った食事をしていては無駄になってしまいます。糖質の摂り過ぎに注意し、良質のタンパク質を積極的に摂取しましょう。コツコツと積み上げた努力が10年後、20年後の自分を支えますよ!

院長
松井 潔先生

北里大学医学部卒業。横浜市民病院・北里大学病院・湘南鎌倉総合病院などに勤務。2000年松井クリニック開院。日本形成外科学会認定形成外科専門医。

ドクターMの若さの秘訣

高い筋肉量をキープする日々の「筋トレ」習慣

毎朝5時から約50分の自重筋トレを行うドクターM。日々の鍛錬に加え、週に1度のパーソナルトレーニングと食事管理により、同世代の男性の筋肉量の平均を大きく上回っています。

約30年前の研修医時代

現在の体重▶69kg
体脂肪率▶▶8.5%

30年を経て、体脂肪率は学生時代以下!

積極的に摂取しているのは筋肉の源「タンパク質」

糖質を抑え、タンパク質を積極的に摂取するなど食事管理も徹底しています。タンパク質は体重1kg当たり1g以上摂取することが望ましいため、粉末のプロテインなどを活用。「食前に飲むことで食べ過ぎも抑えられます」。

週に一度はご褒美デーを設け、スイーツを楽しむ日も。楽しみを挟みつつ、鍛えるときはしっかり鍛えるのが超熱血ドクターM流です。

一般男性の平均的な筋肉量	
50代男性	60代男性
31%	29%

還暦間近の松井先生の筋肉量
45.7%

「いつまでも大好きな洋服を着こなしたい」というドクターM。鍛え抜かれた体にこそ馴染む、細身でハードなスタイルがお気に入り。

松井クリニック with Salon M's

女性のさまざまな悩みを 超熱血ドクターMが解決します

顔のほくろ　傷を残さずきれいに取ります。摘出手術なら健康保険の適用も

炭酸ガスレーザー
平たんで色が薄いほくろ

メリット
・施術が短時間（照射時間約5分）
・ダウンタイムが短い（翌日から洗顔OK）

デメリット
・組織検査が出来ない
・深いほくろは再発の可能性がある

■ 施術時間5分（麻酔テープ貼付1時間）
■ 痛み:★☆☆（麻酔をします）
■ 料金5,000円（ほくろ1個につき）

ほくろの種類や性状で
治療法が異なります

摘出手術
盛り上がって、色が濃いほくろ

メリット
・健康保険が使える
・再発しない

デメリット
・ダウンタイムが長い
（2〜3カ月のテーピングが必要）

■ 施術時間15分
■ 痛み:★★☆（局部麻酔をします）
■ 料金:7,000〜8,000円
（ほくろ1個につき/保険適用3割負担の場合）

シミ・ニキビ痕　紫外線量が少ない冬こそシミ治療のベストシーズン

~赤ら顔・ニキビ・ニキビ痕・シミ~

Norlys（ノーリス）

日本国内で初めて皮膚色素性疾患用光治療器として薬事承認を取得

▶シミが消えただけでなく肌にハリとツヤが出てきました
▶LINEお友達登録で1回33,000円のところ16,500円になりました
▶輪ゴムで軽くはじく程度の痛みです

肝斑　両側の頬に左右対称に出来るシミ

開いた毛穴の治療、くすみ、さらにはアンチエイジングにも効果的

MAXトーニング

▶輪ゴムで軽くはじく程度の痛みです
▶1〜2週間に1度、5回の施術でほぼ消えました
▶費用は14,300円/回でした

ムダ毛　医療脱毛は「永久脱毛」・エステ脱毛は「美容（一時）脱毛」

1〜2カ月に1度
ライトシェアデュエット
剛毛、産毛を問わず高い効果があります。
日焼け肌への施術も可能で吸引冷却システムにより痛み（肌トラブルリスク）が少ないことも特長です。

1〜1.5か月に1度
ソプラノアイス
子どもの脱毛、ひげなどの密集部位やVIOも安全。
痛みが少ないのでストレスを感じません。
肌の色に関係なく、日焼け肌への施術も可能です。

どちらも短期間で安全、痛みも少なく、日焼け肌でもOK
特にライトシェアデュエットは、日本の厚生労働省の薬事承認も受けています。

LINEお友達登録で、脱毛メニューがすべて半額に!

他にもいろいろなセットやコースメニューがあります。

※2〜3、98〜99ページも合わせてご覧ください。

松井クリニックwith Salon M's
045-590-5233
横浜市都筑区勝田町324-3
http://www.matsui-clinic.info

診療時間　9:00〜19:00（土曜日は17:00まで）
水・日・祝休診／駐車場:あり／予約:Tel（完全予約制）／カード:可

ビタミンママonlineでもっと詳しく!

インスタ更新中!▶

Clinic information

プライマリケアを目指して 内科、外科、訪問診療に対応

内科

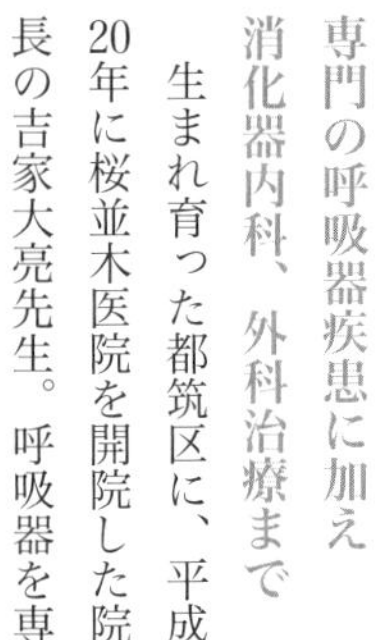

専門の呼吸器疾患に加え 消化器内科、外科治療まで

生まれ育った都筑区に、平成20年に桜並木医院を開院した院長の吉家大亮先生。呼吸器を専門とし、さらに胃がんや大腸がんなどの消化器疾患にも携わってきました。開院後はすべての世代を対象にしたプライマリケアを目指し、外科に加えて糖尿病や高血圧、脂質異常など生活習慣病にも対応しています。患者さんがリラックスできるよう、木をふんだんに使用した温もりが感じられる院内には、CTスキャンを設置しているほか、経鼻胃内視鏡や超音波などの機器も備えており、検査結果が迅速に分かると好評です。

通院が困難な方も安心 地域に欠かせない存在

外来と並行して力を入れているのが訪問診療です。午前の診療前やお昼の休み時間、午後の診療後に、クリニックから半径16km以内の高齢者向け施設や、通院が難しい方のご自宅を定期的に訪れ、薬の処方や床ずれの処置、胃ろうの交換や腹水穿刺（ふくすいせんし）なども行います。看護や介護の相談に乗ることも多く、最近では自宅での看取りを望む方も増えており、患者さんとそのご家族のメンタル面のサポートにも努めています。24時間365日オンコールでつながる携帯電話に「人の役に立ちたい」という吉家先生の思いが表れています。

患者さんの痛みや症状をしっかり聞くことを信条にしている吉家先生。「いつも丁寧な診察を心掛けています。どんなことでも、気軽に相談してください」と話します。

待合室をはじめ院内は、木をふんだんに使用しており落ち着く空間。薬は院内で処方されていることも好評です

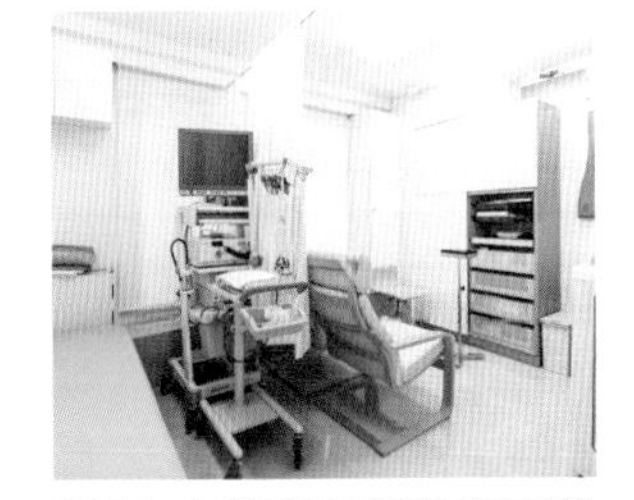

CTスキャンや経鼻胃内視鏡などさまざまな検査機器がそろっています。内科を専門に外科的処置も行っています

仲町台駅から徒歩10分。エントランスにはスロープがあり、院内もバリアフリー。車いすでの通院も可能です

桜並木医院

院長 吉家（よしいえ） 大亮（だいすけ） 先生

ビタママ Topics

「つらくない程度の規制」が吉家先生の健康法

「寿命が尽きる日までできそうな、つらくない程度の節制を心掛けることが私の健康法です」と吉家先生。何時に就寝しても休日でも、毎朝必ず6時に起床していると言います。「同じ時間に起きることが良質の睡眠につながります」。またなるべく歩いたり、階段を使ったり、さらに常に腹八分目も健康と体形を維持することにつながるそう。昼食を取らず1日2食という生活を続けることで体重が7～8kg減って、持病の腰痛も改善されたそうです。

在宅療養支援 診療所

桜並木医院

●内科●呼吸器内科
●消化器内科●外科

045-947-1772

横浜市都筑区茅ヶ崎南 2-11-2

Clinic information

プライマリケアを目指して 内科、外科、訪問診療に対応

内科

入念な問診にこだわり 患者さんを総合的に診療

1983年の開院以来、ファミリーを中心に地域に根ざした診療を続けている、弘中内科小児科医院。乳幼児健診で親御さんに連れられて来院した子が、大人になった今でもお世話になっていたり、ご自身のお子さんの予防接種で来たりなど、地域の方々の健康を支え続けてきました。

院長の弘中太郎先生は大学病院や総合病院で多岐にわたる経験を積んできたベテランドクターです。「体に表れている症状に限らず、その人をトータルで診ることをモットーに診察にあたっています」と弘中先生。初診の問診では患者さんの家族の病歴や健康状態まで、世間話のようなリラックスした会話をするなかから、不調の原因を探ります。「問診にじっくり時間をかけ、細かくヒアリングすることで隠れた病気の発見につながることも。また、検査や入院の必要性についても素早く判断することもできますから」。日頃から患者さんの体質や生活習慣を把握することで、些細な変化にすぐ気づくことができ、迅速かつ的確な対応が可能になると言います。

日曜日の診察も好評 家族みんなのかかりつけ医

先生をはじめスタッフの皆さんの温かい対応や、第1日曜日をのぞく土日も診察を行っていることも地域に愛されている理由です。「親子2代でお世話になっています。なんでも相談しやすい先生で頼りにしています」という患者さんからの声も多く、家族みんなのかかりつけ医として、これからもあり続けます。

明るく落ち着いた雰囲気の待合室。幅広い年齢層の患者さんが訪れるため、ベビーベッドも完備。幼児連れでも安心です

壁一面に貼り出された病気への対処法は、待ち時間に読み入る患者さんも。「病気への理解を深められます」と好評です

センター南駅から徒歩15分。駐車場も完備しています。家庭的な温かみが感じられるクリニックと評判です

弘中内科小児科医院

院長 **弘中 太郎**（ひろなか たろう） 先生

ビタママ Topics

弘中先生お手製の壁紙で病気を予防

「病気を未然に防ぐことが健康な生活につながります」と弘中先生。待合室の壁には各症状の対処法について詳しく書かれた先生お手製の壁紙が貼り出されています。数多くの情報を簡潔にまとめ、丁寧に書かれているため「わかりやすい」と患者さんからも好評です。また、季節に合わせて風邪の予防法やアレルギー対策についてまとめたチラシを近隣に配布するなど、予防医療にも余念がありません。「健康とは、普段通りの生活が送れることです」。

弘中内科小児科医院

●小児科●内科●消化器内科
●循環器内科●呼吸器内科

045-941-6556

横浜市都筑区荏田東 3-6-7

ビタミンママ onlineでもっと詳しく！

Clinic information

半世紀にわたるプライマリケアで地域医療に貢献

耳鼻咽喉科

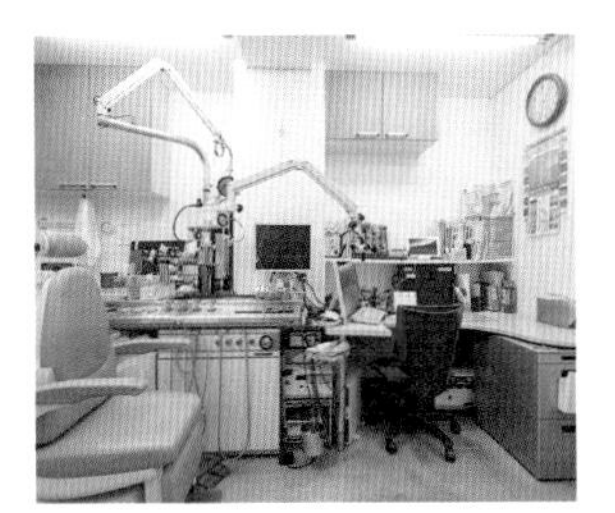
患部を映し出すモニターを早くから導入し、丁寧な説明を行いながら患者さんに合った治療方針を提案します

ゆったり過ごせる待合室。奥には横になれる畳スペースもあり、子ども連れの患者さんから好評です

柿生駅から徒歩1分というアクセスの良さ。昭和46年の開院依頼、地域の健康を支えるなくてはならない存在です

常に患者さん第一 医療相談窓口としても

「前院長である父は医師という仕事に誇りを持ち、患者さんの急な容態の変化には深夜でも対応するという責任ある姿勢を崩しませんでした」と語る現院長の鈴木毅先生。親子2代にわたるその実直な診療への信頼は絶大で、何科にかかればいいか分からない、なんとなく不調を感じるなどの相談に訪れる方も多く、不調の陰に潜む数々の病気を見つけ、たくさんの命を救っています。「プライマリケアを半世紀にわたって続けているということです」と、鈴木先生。患者さんの話をじっくり聞き、素早く的確な診断を行います。

自身の状態を把握することが完治への近道

鈴木先生は勤務医時代にターミナルケアに長く携わってきた経験から、患者さんの気持ちに寄り添い、しっかりと向き合う姿勢を学びました。開業してからも診察において大切にしているのは、わかりやすく丁寧な説明です。「喉に違和感があって、自分はがんではないかと不安を抱えて来院した患者さんがいました。検査の結果、大丈夫ですよとお伝えするだけでは不安を払拭することはできないので、ファイバースコープを使って患部をモニターに映すなど、できるだけわかりやすい説明を心がけています」。患部を可視化して患者さん自身に見てもらったり、イラストや図を使ったりしながら治療方針を詳しく説明することで、きちんと通院し、薬も忘れずに飲む患者さんが増えるそう。治療法もいくつか提案し、相談しながら治療を進めます。

鈴木耳鼻咽喉科医院
院長 鈴木 毅（すずき たけし） 先生

Profile

日本耳鼻咽喉科学会認定耳鼻咽喉科専門医。医学博士。

ビタママ Topics

耳がつまった感じがするときは早めに受診を

近年、「低音障害型難聴」の患者さんが増えているそう。耳が詰まったような違和感で来院されることが多く、突然発症する病気なので気づくのが遅れることも。はっきりとした原因は解明されておらず、ストレスや過労と考えられているといいます。よくなったり、悪くなったりを繰り返すことや、症状が進行してめまいを伴い、メニエール病になることも。「どちらかと言えば女性が多いですね。いつもと違うと感じたら、早めに受診を」と鈴木先生。

鈴木耳鼻咽喉科医院
●耳鼻咽喉科
044-988-2590
川崎市麻生区上麻生 5-38-5

Clinic information

日曜日の診療も行う 地域密着のかかりつけ医

歯科

痛みの少ない治療に定評 予防意識を高める診療方針

歯の治療は痛い。そんなイメージを抱く患者さんのストレスを軽減しようと、院長の大作先生はできる限り痛みの少ない治療を心掛けています。「驚くほど痛くない」という抜歯も好評で、たくさんの患者さんから高い評価と信頼を得ています。

育ったこの地への恩返しも込めて1991年に開院。地域密着の歯医者さんとして患者さんのお口の健康を支え続けています。モットーは、丁寧な説明。子どもにも歯の大切さや治療の必要性を穏やかな口調で丁寧に説明することで、治療に対し前向きな気持ちにしてくれます。治療はもちろん予防にも積極的で、正しいブラッシングや日常的なケアの方法も指導するなど、あらゆる年代の患者さんから支持されています。

大人も矯正治療で 口腔環境を改善

一般歯科に加え、審美歯科、補綴治療にも対応しています。ニーズが高まっている矯正治療は月2回、専門医を招いて行います。見た目の美しさだけでなく、かみ合わせが整い、虫歯や歯周病の予防につながるので、子どもだけでなく大人にも推奨しています。また、矯正の必要性や始めるタイミング、大人になってからでも大丈夫なのかといった悩みにも親身に対応。「矯正治療で歯並びが改善され、原因不明の体の不調に悩まされなくなった事例もあります」と大作先生。いつまでも自分の歯でおいしく食事をし、幸せな日々を送ってほしいとの思いから、平日は仕事で忙しい働き世代のために、隔週で日曜日の診療も行っています。

白を基調とした落ち着いた雰囲気の診察室。診察台はパーティションで仕切られ、感染拡大の予防にも配慮しています

大きな窓から明るい光が差し込む開放的な待合室。診察前後の待ち時間をゆったり過ごせます

都筑ふれあいの丘駅から徒歩７分。地域密着のかかりつけ医として長年、口まわりの健康を支えてきました

グランドール歯科
院長 大作 嘉富（おおさく よしとみ） 先生

ビタママ Topics

患者さんに合った最善の治療を提供

「一人一人の症状に応じて、最適な治療をしたい」という大作先生の思いから、デジタルレントゲンやレーザー機器など、専門の機器が充実していることもグランドール歯科の特長です。より専門性が必要な症状については専門医に任せた方がいいという考えのもと、歯科医師会を通じて近隣の大きな病院と連携するなど、患者さんにとって何が最善かを常に考えているため、安心して通えます。「どんな些細なことでも気軽に来ていただいて、ご相談ください」。

グランドール歯科

●歯科●小児歯科●矯正歯科

045-942-2332

横浜市都筑区見花山 1-20-103

ビタミンママ onlineで もっと詳しく！

Clinic information

リハビリテーション科

患者さんのご自宅が最高の診察室 頼れる在宅医療のスペシャリスト

高齢の患者さんに加えて障がいのあるお子さんも

港北ニュータウン診療所は2007年に開院して以来、都筑区を中心に青葉区、港北区など一部周辺エリアの在宅医療を支え続けています。対象となるのは、車いすを利用している、認知症がある、在宅酸素を利用しているなどの理由でひとりでの通院が困難な方。それに加えて、障がいをもった子どもたちへの訪問診療にも力を入れています。大学病院のリハビリテーション科で数多くの症例に携わった経験を生かし、在宅医として、主に先天性の疾患や脳性まひ、幼少期にかかった脳症などによって体の動きが不自由となった子どもたちのケアを行います。診療内容は体の機能を維持、回復させるためのアプローチが中心となります。また、大学病院の小児科などと連携して、てんかんなどの疾患に対する内服加療も行っています。

在宅医の使命「移行期医療」の対応も

今、神山先生が最も心配しているのは、「小児期に発症した疾患を有する患者の移行期医療」への対応の薄さ。小児から成人へと移行する時期の患者さんを受け入れる医療機関が見つかりにくいことです。通常、15～20歳くらいまでは小児科で診てもらうことができますが、それ以降は大人と同じ内科を受診するようすめられるのが一般的だといいます。「難病でかかりつけの小児科医にずっと診てもらっていた子に、次の病院がすぐ見つかるかというとなかなか難しいのが現状です。お困りの患者さんやご家族の方はぜひ、ご相談ください。」

白を基調とした待合室。ネイチャーアクアリウムが設置され、落ち着く空間です。診察までの時間をゆったり過ごせます

1日に何軒も訪問診療を行うため、電子カルテは強い味方。これまでの経過を確認し、患者さんに診療方針を提案します

世界水草レイアウトコンテスト入賞を目標に、激務の合間を縫って水槽を手入れします。神山先生にとって癒しの時間

港北ニュータウン診療所

院長 神山（かみやま） 一行（かずゆき） 先生

Profile

日本リハビリテーション医学会認定リハビリテーション専門医

ビタママ Topics

明るい笑顔で患者さんを元気に！

神山先生は、高齢の患者さんのご自宅や介護施設で治療を行う際、常に笑顔です。医師の訪問が楽しみとなれば、いつもより少しおしゃれをしようとか、ベッドじゃなくてリビングで待ってみようかなど、何かしらの行動を起こす動機付けとなることが多く、それこそQOL（生活の質）を向上させることにつながる、との考えがあるからです。症状に改善が見られれば患者さんとともに喜びを分かち合う、そうした姿勢が多くの患者さんの信頼を得ています。

在宅療養支援 診療所

港北ニュータウン診療所

●リハビリテーション科
●内科●整形外科

045-948-6015

横浜市都筑区茅ケ崎中央 17-26
ビクトリアセンター南 301 号

クルマのある人生をとことん楽しもう

2023年の自動車産業を展望する

カー・アンド・ドライバー SINCE 1978

CAR and DRIVER

巻頭特集

乗って、走って
楽しいクルマ

メルセデスAMG・SL＋ポルシェ718ケイマン
アルピーヌA110＋トヨタGRカローラ
ホンダ・シビック・タイプR＋マツダ・ロードスター
SUBARUレヴォーグ 他

44th Anniversary

2023 2

毎月26日発売 定価980円

http://jpn.caranddriver.online/
公式Webサイト「カー・アンド・ドライバー online」

【新春特別企画】2023年カレンダー
大内誠 精密透視テクニカルイラスト集

試乗記 新型レクサスRX
新型ホンダZR-V

【保存版】
名車復刻版カタログ

1982年 ホンダ・シティ・ターボ
(E-AA型)

完全Web連動のコンテンツ体験をお届けします

http://jpn.caranddriver.online/

発行所：株式会社カー・アンド・ドライバー 〒102-8301 東京都千代田区九段南4-6-1 発売元：毎日新聞出版 〒102-0074 東京都千代田区九段南1-6-17 千代田会館5階

ビタミンママ®

別冊

夫婦。もっと二人を楽しむ方法

Staff

Publisher & Editor in Chief
山本善隆

Editorial Staff member
川口雄司
金杉沙織
中尾祥子

Writers
板垣友紀
國末美紀
酒井彩子
山﨑民子
渡部郁美

Art Director
高野美和（広苑社）
脇本 忍（広苑社）

Designers
青木理鶴子（アーリーハーベスト）
門倉京子
小松みゆき
佐藤ひろみ
齊藤さつき
浜田真二郎

DTP
小野千絵子
村上麻衣（羊紙舎）
山部玲美

Photographers
菊池陽一郎
なかむらけんじろう
前田一樹
宮地たか子
依田裕章

Illustrator
MAKO

Proofreaders
阿部千恵子
岡崎志保
宮本俊夫

Advertising Division
横本裕美子
冨山美生

Sales Division
近藤由美
永井健一

ビタママインフォメーション

情報サイトがリニューアル！
ビタミンママ online

横浜・川崎を中心に首都圏の教育や医療、街情報を毎日更新しているビタミンママサイトが「ビタミンママ online」としてリニューアル。小学校・中高一貫校の記事や、園長先生の独占インタビューを掲載する幼稚園情報などビタミンママ目線での情報が満載。下記 QR コードからアクセスを！

ビタミンママライター募集
ビタミンママでは季刊誌およびウェブのライティングを
担当していただける方を募集します。
クリニックや学校、幼稚園などを取材していただき、
規定の文字数に合わせた記事にしていただきます。

■応募条件
・これまで、紙媒体やウェブで原稿執筆の経験がある方
・いろいろなことに興味があり、文章を書くことが好きな方
・依頼したお仕事に責任をもって取り組み、納期を守れる方
■応募について
履歴書とポートフォリオ（過去に執筆したページなど）を
下記までお送りください。
uketsuke@vitaminmama.com
書類選考の上、担当者よりご連絡させていただきます。

2023 年 1 月 18 日発行
発行人　山本善隆
発行所　株式会社 VM
〒 225-0002
神奈川県横浜市青葉区美しが丘 1-5-2
045-904-4832（編集部）045-904-4320（営業部）
https://vitamama.jp/
発売元　日販アイ・ピー・エス株式会社
03-5802-1859
印刷所　株式会社シナノ

© 2023 株式会社 VM
Printed in Japan
※本書の無断転載・複製を禁じます。
乱丁・落丁本はお取り替えいたします。